日本近世史を見通す

7 近世史から考える

小野 将【編】

吉川弘文館

刊行にあたって

日本近世史の研究は、豊かな成果をうみ出している。

時の経過とともに、研究する側での関心の持ち方や、問題意識といえるようなものも、当然変化してきている。そうした変化に伴って、さまざまな研究の成果も、豊富かつ多様にもたらされたのであった。こうした、現在の歴史学研究の成果を、そして近世史研究がこれまでに到達した見地を、このシリーズでは集成してみたい。

しかし、こうした豊富さは、その反面で否応なしに、大きな課題をも出現させている。きわめて多様な研究成果のすべてを見渡して論じることが困難になり、従来「研究の個別分散化」といわれてきた事態を克服することもまた、非常に難しくなった。専門家は、以上の状況に苦慮しつつも、日日なんとか対応しているのだが、一方ではそれぞれ専門とする分野も大きく分け隔てられたままであり、また研究分野の間で充分な相互理解が確保されているとは、とうてい言い難い面があるのもまた、現状である（政治史研究と社会史研究のギャップは、その最たるものであろう）。また従来、近世の初期から幕末期までを貫いて見通すような、通史の観点が現れていないことも問題視されていた。世界史と連関させて近世日本をとらえるアプローチも、いまだ不充分である。近年、シリーズ企画や研究講座のような出版物が相次いで企画されてきたにもかかわらず、このような問題の所在は、大きく変わっていないのではないか。本シリーズではひとまず、こうした認識の上に立って、それぞれの専門的な研究成果をただ持ち寄るのにとどまることなく、視角や問題意識についても可能な限りでの総合化を目指し、近世という時代を見通すことをねらっている。

このシリーズでは、時代をみていく視角を総合化する試みとして、次のような工夫をこらしている。全体を七巻から構成するものとし、最初の三巻については、歴史の通時的な経過を示す、通史的な研究の成果にあてている。続く四巻から六巻までは、テーマ別の編集とし、この時代を考えるうえでは不可欠と思われるような、重要な研究動向を取りあげた。以上の全巻をあわせ読むことで、大きく展望を得たいというのが、ここでの考えである。参考文献の提示などは必要な限りでの提示にとどめ、全体にわたって、一読して理解しやすい内容を、幅広く盛り込むことを期した。また、最終巻の七巻では、シリーズ全体での議論を集約し、関連する問題についての討究を行ったうえで、近世史研究において今後に残された課題についても検証することとしたい。

まず、劈頭《へきとう》に位置する**第一巻『列島の平和と統合―近世前期―』**では、おおよそ織豊《しょくほう》政権の時代から四代将軍・徳川家《とくがわいえ》綱《つな》の時代まで、すなわち一六世紀末から一七世紀後半までの時期を扱っている。近世社会における秩序の形成について、政治過程や対外関係を中心として論じ、「平和」の到来と軍事体制との関係、キリスト教禁教と対外方針の転換にまで説き及んでいる。続く**第二巻『伝統と改革の時代―近世中期―』**では、元禄時代と呼ばれる将軍綱吉《つなよし》の時代、つまり一七世紀末以降、田沼《たぬま》時代と呼ばれる一八世紀後半までの時期を取りあげる。長期にわたって社会の伝統化が進行する一方、初発の危機的な状況を迎えて、幕政・藩政ともに改革政治による対応を余儀なくされる段階である。通史の最後は、**第三巻『体制危機の到来―近世後期―』**が、対応している。一九世紀以降、「大御所《おおごしょ》時代」と呼ばれる時期に深化した政治的・社会的矛盾のなか、到来した対外危機に対して近世国家による対応はどのようなものであったか、また巨大な世界史的動向のなかで、幕末の政治変動はいかなるものとなったかが問題とされる。

研究史上に大きな位置を占めている、重要なテーマ群にあたっては、次の各巻を用意した。**第四巻『地域からみる近世社会』**では、研究史の焦点の一つであった地域社会論を中心に論じている。都市と農村、社会と支配権力のあり方について、広く目配りを効かせての解明を進めている。**第五巻『身分社会の生き方』**は、最重要課題の一つである身分論をベースとして、近世に生きた人びとの生活過程に踏みこんだ検討を行っている。諸集団と個人、人・モノ・カネの動き、生死に関わる状況といった問題群に注意したい。**第六巻『宗教・思想・文化』**では、近年に格段の進展をみせた宗教史と思想史における研究、その双方をともに見渡して、近世文化史全般にもわたる総合的な見地を獲得することをめざしている。分野横断的な論点の提示がますます期待されるところである。以上、政治史研究や国家論の検討にもとづく成果を盛り込んだ通史的研究の巻のみならず、近世社会の重要な諸動向を追究したこれらテーマ別の巻をあわせて提示することで、総合的かつ動態的な歴史過程の把握をめざしたい。

本シリーズの刊行をもって、既存の研究動向をことごとくカバーしたなどと豪語するつもりはもちろんない。全体としての構成には充分に反映しきれなかった研究視角や動向が、なお多く存在していることは承知している（ジェンダー・環境・災害・医療の歴史など）。しかし、今回ここに集成したような数々の論点に向き合うことを抜きにして、今後の研究を前進させることは難しいだろう。本シリーズでの見地から発して歴史像が広く共有され、そのうえでいっそうの議論が喚起されるよう、強く願うものである。

荒木裕行　岩淵令治
上野大輔　小野　将
小林准士　志村　洋
多和田雅保　牧原成征
村　和明　吉村雅美

目　次

書評3　「日本近世史を見通す」シリーズを通読して　横山百合子……44

Ⅲ　討論「近世史の課題」

プロローグ

近世史から考える

小　野　将

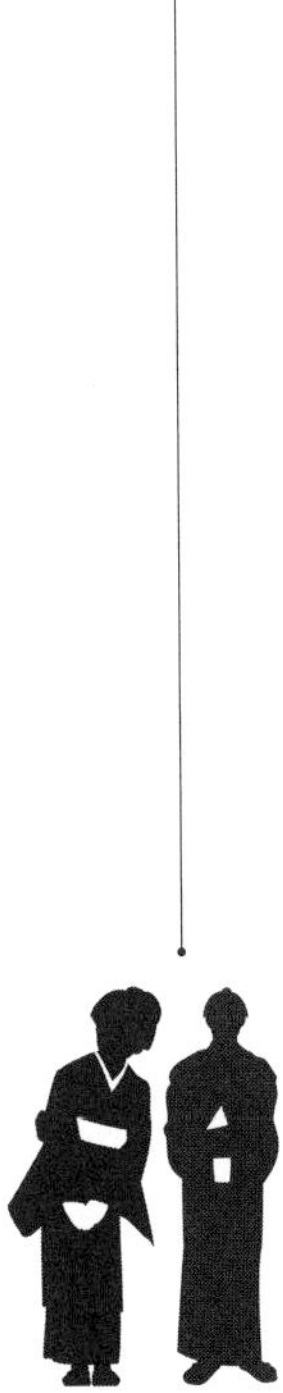

シリーズ『日本近世史を見通す』の第七巻は、『近世史から考える』と題して、既刊の巻についての書評報告、およびそれについての討議を、〈シンポジウム〉として収録した。またそれに附随して、本シリーズ編者のうち、牧原成征と小野とで行った対談形式の議論も収めている。

既刊の内容にみる通り、シリーズ『日本近世史を見通す』は、第一〜三巻までの〈通史編〉と、第四〜六巻までの〈テーマ編〉から構成されている。第七巻では、以上の一〜六巻までの全体を対象として討議を行うこととし、その書評の報告を四名の研究者に依頼して、その四報告をもとに議論をたたかわせることとした。対外関係史や思想史、ジェンダー史や民衆史・社会史などの業績でそれぞれ定評のある方々に、このシリーズの成果を読んでいただくことで、新たな研究の見地や今後の方向性を得たいとの考え、目論見からである。まずもって報告者それぞれの専門的な観点・学識から、また広く近世史研究の全体にわたっての大局的な見地から、有意義な書評をご提示いただいた。ご多忙にもかかわらず、報告をお引き受けいただいた評者の方々には、何より御礼申し上げたい。

さらには、それぞれの書評報告に即して、本シリーズの編者全員が参加して質疑応答をはじめとした議論を行い、続いて全体討論として、全巻の内容にわたって出された論点につき共有して深めるべく、集中的に討議を進めていった。このシンポジウムは全編者が一堂に会し、一日を費やして設けられたものだったが、なにぶん議論できる時間の制約もあり、その場で論点が尽くされたという訳にもいかないところがあった。

そこで後日、編者のうちから牧原と小野とが対談の形式で補足的な論点の追補と再整理を行い、この巻の末に収めることとした。議論をよりクリアに打ち出しているところもあるが、今後の課題として持ち越されたままとなった点もまた多い。近世史研究の課題としては、なお多くが残されているといわざるをえない。

二〇二三年一二月三日、東京大学史料編纂所にて行ったシンポジウムの概要、および参加者は次の通りである（巻末の執筆者紹介も参覧されたい）。

〔書評報告者（評者）〕

松井洋子・三ツ松誠・横山百合子・菊池勇夫

〔討議参加者〕

牧原成征（一巻・五巻編者）、村和明（一巻・二巻編者）、吉村雅美（二巻編者）、荒木裕行（三巻編者）、小野将（三巻・七巻編者）、岩淵令治（四巻編者）、志村洋（四巻編者）、多和田雅保（五巻編者）、小林准士（六巻編者）、上野大輔（六巻編者）

なお、この討議の内容については、書籍化にあたっていくらかの調整を行い、若干の加筆箇所があることを、おことわりしておく（録音データから起こされた原稿に対して、参加した発言者当人が手を入れて整序した部分もある）。

また前述のように、二〇二四年八月二日には、右の書評および討議の内容をふまえたうえで、シリーズ編者の牧原と小野とが対談形式での議論を行い（於吉川弘文館）、これをもとに活字化したものを本書に収めている。

本シンポジウムの記録と追補の対談とをあわせ読むことで、このシリーズでの全体に即したねらいがいっそう明確化してくるのではないか。錯綜する近世史研究の現状から、少しでもその先へと〝見通す〟ことが可能となっていれば、と思う。

I

「日本近世史を見通す」を書評する

書評1

シリーズ「日本近世史を見通す」を読んで

松井洋子

はじめに

今もっとも充実した研究活動を展開する世代の研究者たちが、多様にして豊富な研究成果の全体を見渡すことの困難さ、研究分野間の隔たり、通史的観点・世界史的観点からのアプローチの不足、といった問題を認識したうえで、「それぞれの専門的な研究成果をただ持ち寄るのにとどまることなく、視角や問題意識についても可能な限りでの総合化を目指し、近世という時代を見通すことをねらい、かつ「一読して理解しやすい内容を、幅広く盛り込む」（「刊行にあたって」）という困難な課題に果敢に挑んだのが、本シリーズである。通史編三巻・テーマ編三巻と書評や討論からなる一巻と構成にも工夫がなされている。感染症の拡大により研究活動にもさまざまな支障が生じた時期に、このようなシリーズをまとめあげた編者そして執筆者の方々の力量と努力に敬意を表したい。

ここでは、評者が考える機会の多い対外関係に関わる論点を中心に、通史編・テーマ編に分けて、いくつかの感想を述べさせていただく。

1　通史編――第一巻～第三巻

第一巻『列島の平和と統合―近世前期―』、第二巻『伝統と改革の時代―近世中期―』、第三巻『体制危機の到来―近世後期―』からなる通史編三冊を通しての特徴として感じたのは、①対外関係の厚い記述、②政治の担い手とその関係性に着目した政治史、③多様な題材・視点による分野の境目をつくらないアプローチ、の三点である。

「世界」と「日本」の近世

第一巻では、第1章「世界のなかの近世日本」（牧原成征）、第2章「「豊臣《とよとみ》の平和」と壬辰《じんしん》戦争」（谷徹也）、第5章「島《しま》原《ばら》の乱と禁教政策の転換」（木村直樹）、第6章「琉球に及んだ海禁」（木土博成）、第7章「列島北方の「近世」」（上田哲司）と半数以上の章が、第二巻でも第3章「長崎貿易と国内市場をつなぐ商人集団」（彭浩）、第4章「日朝関係と対馬藩《つしまはん》」（酒井雅代）、第7章「学問の場でつくられた対外認識」（吉村雅美）が、第三巻では第5章「一九世紀の蝦夷地《えぞち》と北方地域」（谷本晃久）、第7章「幕末の日本、一九世紀の世界」（小野将）と二つのコラム（後掲）が、対外関係と関わる内容を主たるテーマとして扱っている。各巻のプロローグ・エピローグも、国内外の状況を見渡すものとなっており、編者の「世界史と連関させて近世日本をとらえる」ことへの強い意識が感じられる。

第一巻第1章は、同巻プロローグ「現代からみる近世の幕開け」（牧原成征）とともに、統一政権の成立過程を世界情勢のなかで語ろうとするまさに力業となっている。

このような取り組みでは、どこから語り始めるのか、ということが重要になると思われる。イエズス会士たちが、そして「新しく日本にやってきたスペイン・オランダ・イギリス」がなぜアジアにやってきたのか、東シナ海交易からだけではなく、「地球的世界」（山口啓二『鎖国と開国』）／「世界史的日本」（村井章介『世界史のなかの戦国日本』）の成立への言及が欲しかったところではある。

第2章は、「豊臣の平和」の内実や矛盾をもっとも顕在化し、かつ挫折させた場面として壬辰戦争を位置づけようとする意欲作である。とはいえ、戦国期の社会変動の近世社会への規定性を、壬辰戦争のみから語ることは難しいと思われる。シリーズ全体の構成として、近年も盛んな織豊期研究の成果をどのように位置づけようとしたのか、気になったところである。

一六三〇年代の対外政策

世界のなかで近世前期の日本を語るに際し、一六三〇年代の対外政策についての第一巻第1章および同第5章でのいわば「軽い」扱いは、「鎖国」の見直しに倦《う》んだ新しい世代のスタイルなのであろうか。一六三〇年代の諸政策は、ポルトガル人の扱いなどをめぐっては揺らぎを抱えつつも、直面した列島内外の状況への対処の到達点といえる。結果的にはそれが近世社会に大きな規定力を有したことは間違いなく、それゆえになされてきたこれまでの議論の蓄積に、もう少し言及があってもよかったのではないか。

朝鮮出兵後の孤立から、明・朝鮮との関係を修復し、統一権力としてシナ海域の国々と国家間の関係を結ぶことが、徳《とく》川《がわ》政権初期の対外的課題だった。明との関係再構築はならなかったが、徳川家康《いえやす》は、大泥《パタニ》・安南《アンナン》・東埔寨《カンボジア》・占城《チャンパー》・暹羅《シャム》などの王侯との書翰のやりとりを進め、国家間の関係を結ぶこととともに、朱印船《しゅいんせん》貿易によって、日中間を媒介する出会《であい》貿易と、東南アジア各地との直接貿易の、保護・統制を実現した。ところが、朱印船や在外日本人の活動により、またヨーロッパやシナ海沿岸の人びととの来航により、幕府は諸勢力間の紛争に巻き込まれる危険性を現実のものとして感じとることになる。海外での武力行使の困難は経験済みであり、国家の体面を保ちつつ紛争を回避するために、地理的にも人的にも、政権の力の及ぶ範囲を現実に即して確定し、その外部については干渉を避けることが選択された。それが具体化していくのが一六三〇年代である。

徳川家光《いえみつ》の強いキリスト教忌避は、確かにこの時期の政策に影響を与えているであろうが、異国人の子孫の追放、日本人女性の異国人との接触の禁止という政策は、「神経質な排外的態度」や「混血や交際まで」への「嫌悪」だけで説明できるものではないと思う。地理的領域とともに、政権の支配に属する人の範囲の見極めが必要であり、日本にいるのが日本人、という属地的支配と属人的支配が齟齬《そご》しないところで、支配の範囲が定められた。そのために帰属の曖昧《あいまい》な異国人の子ども、そして異国人とともに家を形成する女性を排除し、日本から異国人の「家」をなくすことが求められたのである（松井洋子「貿易都市長崎からみた近世日本の「売春社会」」）。国内的視点からみれば列島の平和と統合と把握できる過程は、「日本」の範囲を再確認し、（外の）「世界」との区別・分離を図るものでもあった。

「世界のなかの近世日本」という第1章のタイトルは、陳腐のようだが実は意味深い。プロローグで紹介されているように「近世」という共通の時代を設定する議論は広く受け入れられたようだが、共通の時代はまた、「地球的世界」「世界史的日本」・世界史との邂逅（荒野泰典・石井正敏・村井章介編『日本の対外関係5　地球的世界の成立』）といった言葉で表現される地球的規模の関係性が成立した時期でもあった。この時期に日本は「世界のなか」にいることになった。そして「日本」の範囲は必ずしも自明ではなく、一六三〇年代に再定置された。中世とも近代とも異なる、まさに「近世」の「世界」であり、そのなかの「日本」だったのである。

キリシタン禁制

第一巻第5章「島原の乱と禁教政策の転換」は、幕府がポルトガル船の来航禁止に至るうえで大きな影響を与えた島原の乱とその後の禁教政策を跡づけた論考である。大目付《おおめつけ》井上政重《いのうえまさしげ》を中心に行われた乱後のキリシタン禁制政策の実施過程が具体的に示されている点は興味深い。一方、井上の引退後のキリシタン政策は、整備される官僚機構のなかで全国的に画一的に実施され、形式的制度が整う一方、形骸化が進むとされる。

しかし、井上引退後の寛文元年（一六六一）からの豊後における露顕などでは、幕府主導の個別徹底した摘発が行われている（松井洋子・佐藤孝之・松澤克行編『甦る「豊後切支丹史料」』）。幕府は主要なキリシタンについて、何村の誰と指名してその捕縛と長崎護送を命じており、領内外のキリシタンネットワークをたどって、個別具体的なキリシタンをかなり把握していたことがわかる。そのうちどのくらいを処断するかについては、統治上の判断が働くというのはその通りだが、それは数値のみの把握とはつながらない。こうした大量露顕と連動して、寛文五年に宗門奉行が設定され、「ころび《（転）》」（棄教者）のその後の徹底した追跡が行われ、それが貞享四年（一六八七）以降は「類族改」に落とし込まれる形で継続する。各地での露顕を直接の契機とした制度整備とその形骸化の間にはかなりの時間差があるのではないか。少なくともその間、かつてキリシタンが存在した諸藩では、ピリピリとした対応が続いていたはずである。

執筆者も指摘するように、長崎においては周辺部には長期にわたり潜伏キリシタンが存在する一方で、住民のほとんどが元キリシタンであるはずの市中では、急速に禁制が形骸化するかにみえる。その理由については謎が多く、さらに研究が進むことが望まれる。

近世社会に影を落とし続けたキリシタンについては、第六巻『宗教・思想・文化』などでももっと扱って欲しかったところではある。

「近世中期」「近世後期」の世界との連関

続く第二巻が扱う時期は、「世界」からみるとどうなるか。プロローグ「泰平のなかの変化と対応」（村和明）で「列島外にも大きな軍事的緊張をもたらす存在がおらず、列島の対外関係・国際貿易も、結果的には一世紀以上、国内の経済事情や幕藩関係をめぐる政策基調に強く規定されて進行した」とされる裏側で、何がおこっていたのであろうか。国内事情の規定性が強かったとしても、相互の連関はなくならない点にはもう少しふれて欲しかった。

一七世紀の後半は、東南アジアにおける「商業の時代」（一四五〇〜一六八〇）が沈静化した時期でもあった（アンソニー・リード『大航海時代の東南アジア』）。その要因としては、日本の「鎖国」、清朝の遷界令《せんかいれい》（一六六一〜八四）、一六七〇年代のヨーロッパでの胡椒価格暴落などが指摘されている（弘末雅士「近世東南アジア社会の展開」）。

日本との関係で考えると、マカオ―長崎貿易の時代から、オランダ船・中国船との貿易に至るまで、主な貿易輸出品は銀であった。他に有力輸出品がないなか、銀の海外流出は早くから懸念されていたが、一六六八年にはオランダに対し銀輸出が禁止された。さらなる貿易制度改革については第二巻第3章「長崎貿易と国内市場をつなぐ商人集団」（彭浩）に詳しいが、同第5章「貨幣改鋳と経済政策の展開」（高槻泰郎）が詳述する相次ぐ貨幣改鋳はまた、オランダにとって銀に代わる輸出品としての金の魅力を削ぐものでもあった。一八世紀の主要輸出品は銅に転換し、それはアジア域内貿易のあちこちに変容をもたらすことになる（島田竜登「アジア海上貿易の転換」）。

明王朝滅亡と清の北京遷都《せんと》後も、明の遺臣は南方の各地で明朝の王族を擁立して復権を図り、鄭成功《ていせいこう》とその後継者たちも明復興を掲げ、台湾を拠点に抵抗を続けた。さらに清朝四代康熙《こうき》帝《てい》が強い勢力を温存していた三藩《さんぱん》（雲南《うんなん》の呉《ご》三桂《さんけい》・福建《ふっけん》の耿精忠《こうせいちゅう》・広東《カントン》の尚之信《しょうししん》）を撤廃しようとすると、三藩の乱（一六七三〜八一）がおこった。こうした抵抗運動はシナ海域に影響を及ぼし続ける。

鄭氏は一六五九年に南京攻撃に失敗すると、一六六一年に台湾を攻撃し、翌年にはオランダ人を退去させ、台湾を手中にした。オランダと鄭氏の関係悪化、台湾を拠点とした鄭氏の活動、鄭氏とイギリス東インド会社の同盟など、東アジア海域の不安定要素は増し、日本近海でも紛争が発生した（木村直樹『幕藩制国家と東アジア世界』）。

一六八三年、清朝が鄭氏を屈服させ、明清交替の帰趨が明らかになると、ようやく東アジアの「平和と安定」は確信されることになった。それは一方で、鄭氏との貿易を禁じるための清朝による沿岸封鎖（遷界令）の解除につながり、日本側の貿易統制は総量規制（定高《さだめだか》制）という新たな局面に入る。正徳五年（一七一五）の正徳新例（海舶互《かいはくご》市《し》新例《しんれい》）に伴う信牌《しんぱい》制度（唐通事《とうつうじ》発行の貿易許可証明書である信牌を持参した船にのみ交易を許す）と貿易規制が、（直接交渉をしたわけではないが）清朝に受け入れられたことで、二つの陸の国家が、互いに直接の関係を持たないことで、それぞれの対外関係管理体制を両立させ、「すみわける」状態（羽田正編『海からみた歴史』）が現出した。

かくして「列島を取り巻く大陸・海域においても全体的に戦乱が収束し」「列島の平和も最終的に安定」した（プロローグ）のであるが、元文四年（一七三九）にはすでにベーリング探検隊のロシア船が日本近海に姿を現している。「世界のなかの日本」は続いているのだ。

それでも、なまの「接触」の極度の制限は、「対外認識」の獲得に影響を与える。第二巻第7章「学問の場でつくられた対外認識」（吉村雅美）は、学問の場の知識交流から生まれる多様な対外認識を分析しており、「四つの口」という認識の相対化、学問の場でのディスカッションのあり方、そして藩校・私塾やサロン的学問交流の場での知識や議論が、必ずしも海外情報や地理情報の正確な理解につながらない点も含め、考えさせられる論考だった。正確さはさておき、こうした認識がどこまで広がり、受容されているのか、すぐに政治や社会を動かす力にはならないにせよ、こうした交流の場の話題として、対外関係に関わる話題はある程度共有されていたのであろうか。例えば、医学・医療に関わる知識は江戸や京都や長崎で学ばれ、遊学者が郷里に帰ることで在村蘭学《らんがく》といわれるような形で根づいていくが、対外認識については、そういう広がりはみられないのか。また、藩校・私塾・サロンといった語られる場の違いは、対外認識の質的違いを生むのか、さらに知りたいところである。

そして一八世紀後半から一九世紀には、毛皮、そして捕鯨が、環太平洋地域の新しい価値となり、「世界」のありようは大きな変化を遂げることになる。第三巻では、第5章「一九世紀の蝦夷地と北方地域」（谷本晃久）が北方地域を、第7章「幕末の日本、一九世紀の世界」（小野将）が環太平洋地域を扱っている。第一巻第1章（前掲、牧原成征）で「世界」から始まった通史的叙述の最後が、国際的視野から幕末維新期を「見通す」ことを試みている点は、本シリーズの性格を示すものといえよう。

「欧米・中南米では、近代の国民国家形成の過程でこの時期に惹起された内戦が多くみられ、その統合過程は軍事的な暴力に彩られていた」「日本もまた、同時期に戊辰《ぼしん》戦争から不平士族反乱に至る数々の内戦を経験し、それなりに国家統合への途上では暴力性の刻印が深く記された」という指摘は重いが、それは近世国家のはじまりにも該当する「国家」のはらむ問題でもある。

「四つの口」の研究の進展

近年の対外関係史研究のなかで、最も豊かな成果をあげてきたのは、「四つの口」という概念によって理論的位置づけを得た対馬・薩摩・長崎・蝦夷地における、それぞれが担った外との関係、さらに対外関係の「場」であることの影響や意味についての具体的な研究であろう。本シリーズにも、その成果が遺憾なく盛り込まれている。

理屈からいえば、「口」はその内外の行き来のために境界に位置するものであるが、近世の境界は近代の国境とは異なり何らかの幅を持つものと考えられる。その幅が、歴史的経緯と相まって、それぞれの「口」の固有のあり方を生む。そのことが具体的に示された各論考だった。

第一巻第6章「琉球に及んだ海禁」（木土博成）は、「異国」にして「附庸《ふよう》」（属国）であった琉球に、寛永期（一六二四〜四四）の海禁政策がどのように及んだか、という視点から、キリシタン禁制、日本人の「異国」往来禁止、武器輸出禁止、糸割符《いとわっぷ》制適用における琉球の位置を検討する注目すべき論考である。

禁制に対し解釈が蓄積されていくことで体制ができていく過程として考えれば、「薩摩藩にしてみれば試行錯誤の連続であった」、（同時代の人にもいかなる意味で及んだのかは）「自明でなく曖昧」であったというのは指摘の通りであろう。そのなかで、（表現はわかりにくいが）「幕府はAのような解釈をとっていないけれども、……幕府がAのような解釈をとっているいると思いたかった、あるいは思わせたかった」という薩摩藩としての立場や解釈も出てくる。「異国」と「附庸」は二者択一ではなく、それぞれの都合によって両面が使い分けられているのではないか。その後の薩摩と琉球については、第三巻コラムI「幕藩体制下の「異国」」（福元啓介）が補っている。

第一巻第7章「列島北方の「近世」」（上田哲司）は、アイヌ史の時代区分の議論をふまえ、その「近世前期」にあたる一五世紀半ばから一七世紀半ばの、北方社会の変化をアイヌと和人の関係から跡づけている。一六世紀中期には、シリウチ—天河《あまのがわ》のラインがそれまで曖昧だった蠣崎《かきざき》氏の領域とアイヌの領域を区画することになったが、和人地にもアイヌ居住域は存続していた。近世に引き継がれるこの区画での蝦夷地は、松前城下《まつまえじょうか》に交易にくるアイヌの居住地「異域」だったが、蝦夷地についても日本の支配が及ぶべきとする観念も出てくるとされる。

第三巻第5章（前掲、谷本晃久）によれば、寛政二年（一七九〇）に松前藩が幕府に提出した「蝦夷地改正」で明示された「異国境《いこくざかい》」によって、蝦夷地の範囲が限定された地理的空間となったという。一八世紀には交易の現場が蝦夷地「商《あきない》場《ば》」に移行、限界地が外の世界との窓口となったという指摘からみれば、松前が対峙するのは「異国」としての清・ロシアであり、「口」としての論理はまったく変わることになる。この点は今後さらに議論されるべきであろう。

第二巻第4章「日朝関係と対馬藩」（酒井雅代）は、対馬藩の視点から日朝関係の維持と藩政を概観している。朝鮮からは、正式な外交使節が派遣される一方、日常的な交渉や貿易取引は、釜山《プサン》の倭館《わかん》で行われた。日本人と朝鮮人が恒常的に接触する倭館は、まさに境界の場であった。貿易が衰退するなかにも「朝鮮の役儀」を安定的に維持するため、対馬藩政は改革を重ねることになるが、それらもまた体制を保つための「改革」だった。

第二巻第3章（前掲、彭浩）は、蓄積のある長崎貿易の政策・制度的研究を、国内商人の動向という面から明快に整理している。長崎については第三巻コラムⅡ「貿易都市長崎再建の試み」（吉岡誠也）が、通商条約後、貿易利潤を財源とした都市運営の破綻に対応する奉行の政策を扱っており、両論考によって境界の「場」を存続させる構造とその限界が見通せる。

「四つの口」とされた境界の場それぞれの研究が進み、さまざまな視点からの比較、そして、それぞれの貿易品や情報をめぐる連関について、さらに「四つの口」という概念についても、検討が可能な段階にきた感がある。総合的議論の発展を期待したい。

担い手から語られる政治史

通史編では、幕藩関係・朝幕関係を視野に入れた幕政の推移が叙述されるが、多くの論考が、政治の担い手たる幕閣やその周辺の人びと、そしてその関係性に目を向けている点が、非常に印象的であった。

朝幕関係については、第一巻第4章「近世朝廷と統一政権」（村和明）が、近世初期の朝廷の概観を示しつつ、朝廷運営の一翼を担うものとしての「女中」、特にその「知行」に着目する。「女中」個人のライフコースと知行、また、出自の「家」との関わり、武家の「奥」についての研究の進展との比較など、さらなる研究の深化が期待される。中後期については第二巻プロローグが幕府による朝廷利用の変化を指摘し、第三巻第2章「一九世紀前半の天皇・朝廷と幕府」（佐藤雄介）が朝廷への財政的支援のありようを軸に当該期の特質を示し、その後の近世的枠組みの変化までを通観する。朝幕関係研究の到達点が、通史的に見通せる構成となっている。

第一巻第3章「幕藩政治の確立」（三宅正浩）は、家綱《いえつな》政権期に着目して幕藩領主の政治の特質形成を論じようとしている。意識や規範がどのように形成され、どこまで共有されていたのか、執筆者自身も述べるように「厳密な実証は今後の課題」であり、歴史学において心性や意識を分析する方法を鍛えていくことが必要と感じられた。幕藩関係については、第三巻第3章「「大御所《おおごしょ》時代」の幕藩関係」（山本英貴）が幕府と藩の関係を官位をめぐる交渉から読み解こうとする。近年の研究動向のなかでは「藩社会」「藩国家」といった言い方もされており、独自の研究領域になっているように思えた「藩」について、本シリーズではその個別性や主体性を扱うより幕藩関係のなかで言及する形になっている点は、やや意外な感じがした。

第二巻第1章「将軍専制と社会」（村和明）は御用《ごよう》商人や碁打ちという視点から、将軍専制・側近政治の実態を照射した興味深い論考だった。新興商人が側用人《そばようにん》はじめ将軍側近に取り入り、懇意な関係を築いて御用に伴う利益を獲得し、また情報や便宜を得る一方、相手にも融資などの見返りが期待できることで、関係が信頼と配慮を生む様子が明らかにされている。碁打ちがこうした関係を媒介し、情報を運ぶ役割を果たしたとの指摘は新鮮で、囲碁に限らず芸事の持つ意味についての再考を促すものであった。文化史・芸能史といった括りを解き放つことで、見えてくるものは多いと感じられた。

第二巻第2章「将軍吉宗《よしむね》の改革政治」(小倉宗)は、吉宗が大名役の側用人を廃止、より実務役人に近い旗本《はたもと》役の御用取次《ごようとりつぎ》を通して政策を実現した過程に注目する。改革政治を概観しつつ、その実施のルートを検討し、吉宗政権には二つの政治主体が併存し、その連携がないなか、吉宗は実務役人と直結するバイパスを構築し、改革の成果をあげた、とされる。

こうした将軍専制・将軍側近が実権を持つ構造と、老中《ろうじゅう》の合議体のもとに実務役人が編成される構造、あるいは徳川一門が支える体制(第二巻エピローグ、吉村雅美)、という幕府内部の執行体制の相違が、政策の方向性とどのような連関を持つのかが知りたいところである。

改革をめぐって

第二巻第6章「「改革」文化の形成」(小関悠一郎)は、「改革」という言葉、改革担当者の主張から、近世中期の政治思想を検討して、同時代の認識の枠組みに迫る貴重な成果となっている。「新規」の政策への警戒や否定的意識に対し、古来の姿、あるべき姿への復古を掲げることで改革を正当化する論理、さらに学問的ネットワークを背景に、「改革」の語が多様な意味合いを持たされていく様があぶりだされる。

幕藩領主の「新規」を嫌う支配体制固守の意識、「新法」を警戒し「古来」復帰を求める民衆の意識は、一七世紀を通じて確立してきた体制を総体として肯定しうるもの、維持に値するものととらえる認識から生まれるのだと思われる。その鍵になるのは「平和」と「安定」ではなかったか。伝統社会の形成・秩序化は、平和の現状維持への同意に支えられてこそのものであろう。一方、そのなかでの市場経済の発展は、幕藩制支配の根幹を掘り崩していく。第二巻エピローグの、この巻が扱った時期は、「幕府・藩の支配体制や対外関係を「変えず」に安定させるために、絶えず「変わる」ことが求められた時代」だった、という表現には頷《うなず》かされた。

対照的に、内憂外患《ないゆうがいかん》に対応する「改革」がより切実さを帯びてくる時代を扱う第三巻では、むしろ「改革」は論点の中心に据えず、別の視点からの切込みを模索する論考が続く。民衆運動を直接扱う論考が第三巻第６章「民衆運動からみる幕末社会」（野尻泰弘）のみであるのも、特徴といえよう。

大御所時代

第三巻第１章は「寛政改革から「大御所時代」へ」（清水光明）と題しつつ、寛政改革期の社会と政治を、歌舞伎役者中《なか》村仲蔵《むらなかぞう》、学者の中井竹山《なかいちくざん》・柴野栗山《しばのりつざん》の視点から描こうとする。社会と政治を同一視野に入れる方法として、それぞれの経験や思考、何がみえていたかの追体験は貴重である。ただ、彼らは「民間社会」の本流ではないだろう。政治の末端に連なろうとする学者たちは為政者に政策を提言するが、それを「民間」の知見ととらえることには疑問を感じる。

第三巻第４章「天保・弘化期の幕政」（荒木裕行）は、やはり政治構造に注意を払いつつ、寛政改革後ペリー来航直後までの幕政を、天保期（一八三〇～四四）を中心に概観する。心を惹かれたのは、第三節に登場する新発田藩《しばたはん》主溝口直諒《みぞくちなおあき》である。彼の意見は、どのような背景やネットワークのなかで培われたのであろうか。

「大御所時代」については、時期区分にも議論がある。第三巻第７章（前掲、小野将）は「弛緩した政策体系」のもとで、矛盾が蓄積した時代として、「長い大御所時代」（嘉永年間〈一八四八～五四〉頃まで）を提唱する。こうした、「対外問題を中心的課題からは外しておくような」幕政の基調は、なぜ存在したのか。「平和」には、「弛緩」につながる現状維持肯定が潜むともいえないか。担い手や関係を重視した政治史は、さらに彼らの当時の意識に踏み込む考察に進むことが必要となろう。

各論考のなかには明治期までを視野に入れるものが少なくなく、国際情勢との関わりでは、幕末の日本についてかなりの言及がされている。しかし、政治史的論考が嘉永初年まででとどまっており、近世の解体という点では、それを見通す何か、第三巻のエピローグ的なものが欲しかった気がする。

2 テーマ編――第四巻～第六巻

テーマ編は、研究史上の重要なテーマ群を扱うものとして、第四巻『地域からみる近世社会』、第五巻『身分社会の生き方』、第六巻『宗教・思想・文化』によって構成される。

第四巻は「地域」を、第五巻は「身分」をそれぞれのテーマとしているが、読んでいると「身分」と「地域」は不可分なものだ、ということを改めて強く印象づけられる、研究潮流を反映した構成と感じた。

都市と村落

第四巻プロローグ「地域からみる現代社会」（志村洋・岩淵令治）の冒頭は、村落を対象とするのが日本近世史の王道であったかのような時代に研究を始めた評者には、いささか衝撃的ではあったが、都市生活者が増加するなかで、都市における地域社会の実相を追究することの重要性は明らかである。第四巻の章立ては、研究史上の都市と村落の新しいバランスを表明しているものと感じられた。さらに都市と村落を分けて論じることではみえないものに目を向けた「城廻《しろまわ》り村」や「在方町《ざいかたまち》」の専論がある点も、配慮された構成になっている。

第四巻第1章「城廻り村と家中名請地《かちゅうなうけち》」（志村洋）はその城廻り村を扱う。名請・年貢といった近世社会の基本的原理の部分についても、実はその運用実態は多様であることに驚かされる。「身分にもとづく支配原則と土地にもとづく支配原則との隙間」（おわりに）、という言い方がされているが、支配側たる藩が、その乖離《かいり》を許可し、むしろ推進しているかのようにみえる点も興味深い。一度定着した社会の枠組みを維持しつつ、諸階層がそれぞれに読み替え、利用しようとする近世社会の一面がみえる。同第6章「在方町の社会構造と行財政システム」（酒井一輔）は、非農業経済の成長と石高制の矛盾を解消する新たなしくみが模索される場として「在方町」を扱う。

村落社会の人的関係

同第2章「古村と新田村の労働調達競争」（萬代悠）・第3章「近世前期の開発と土豪《どごう》・百姓・隷属農民」（小酒井大悟）は、異なる条件下での開発、開発主と耕作者たちを扱っている。

第2章では、非農業部門の成長が著しい一八世紀畿内における町人請負新田での労働力調達競争という視点によって、階級的支配と搾取、人民闘争といった筋読みではみえない、身分階層を問わずよりよい経営条件、よりよい労働条件をもとめる人びとのそれぞれの闘いを浮き彫りにしている。

第3章では、地域における開発と人と人の関係のあり方について、関東の二事例が示されている。第一節が扱う武蔵国多摩《たま》郡《ぐん》小川村《おがわむら》では、入村者たちは自身の名義で土地を名請した本百姓でありつつ、畑一反に永三文を「地代」として開発主の小川家に納め続ける。小川家は、私的な使役など百姓たちを支配する側面と、助成・救済する側面を持っていた。第二節で扱う上野国緑野《みどの》郡《ぐん》三波川村《さんばがわむら》では、土豪とその分家を含む百姓たちが家抱《けほう》・門前などと呼ばれる隷属者たちを動員して開発を進め、村内に年貢収納単位となるような小村が成立していく。実際の耕作を積み重ね、家抱たちは土地を取得し、年貢を直納し、百姓役を務めることで百姓身分を手に入れていった。

農村を扱う第1章〜第4章（章題後掲）はいずれも、土豪・大庄屋《おおじょうや》・開発主といった地域の有力者のありように着目している。彼らが有する一般の百姓と異なる「特権」には、それぞれの由緒や根拠があり、権力との距離もさまざまである。それでも有力者たちが克服・否定されるだけの存在ではなく、村の有力者としての助成や救済、年貢立替や融通などの機能を有することも、近年の研究を反映した共通の見方となっている。第五巻第5章「高利貸しか融通か」（東野将伸）は、有力者たちの役割を含め近世の金融の根底にある関係や論理を読み解いている。第四巻第4章「「勧農」と「取締」の幕末社会」（岩城卓二）は、危機に対して原理原則の徹底による秩序再建以外の方向性を見出せない幕藩領主層のもとで、身分の務めを果たす近世的「職分《しょくぶん》」意識からその政策の一端を担おうとする地域有力者のあり方を示している。開発主にせよ豪農にせよ、程度の差はあれ、地域有力者が持ちえていた地域社会の維持に参与する社会意識が、鉱山業だけでは家の永続が叶わないにもかかわらず、「銅山師」という身分を核に姿を現している点も、「身分」の意味を考えるうえで注目される。

第四巻第3章は「隷属農民」をタイトルに掲げ「家抱」を扱っている。同第4章の銅山師の家にもまた、危機に際しても庇護され続ける「門屋《かどや》」が存在し続けている。近世における隷属的な人のありようは、社会における人の位置づけという意味で、すぐれて「身分」の問題であるにもかかわらず、近年の身分論では、身分内の、あるいは家内の問題、そして消えゆく遺制として後景に退いているようにみえる。本シリーズでは、隷属的な人びとは、身分を扱う第五巻ではなく、地域を扱う第四巻に顔を出している。

「隷属」の語にも注意が必要である。隷属者とされる下人《げにん》・名子《なご》・被官《ひかん》・門屋・家抱などは、まさに地域によって個別の、さまざまな呼称と実態を持つものとして、近世社会でも再生産されている。地域社会の構成員の関係性として「隷属」のありようは問い続けられるべきであろう。隷属に限らず、第四巻には、地域を問うことで「集団」に隠れた多様な身分観が表れていると感じた。

都市と地域

第四巻第5章「諸身分の交点としての江戸〈久保町《くぼちょう》〉」（岩淵令治）では、巨大都市江戸内の個別町八ヵ町からなる〈久保町〉を一つの地域として措定し、さまざまな形でその場に関わる人びとの姿を活写している。大店《おおだな》や人宿《ひとやど》が武家屋敷の近隣にあることが、相互にとってメリットを生んでいる様子をみてとることができ、また土地所有・領主支配などにおける都市と村落の関係が具体的な人の動きでみえる点でも、場に出入する人びとを分析する方法は有効と思われた。対馬藩江戸藩邸と関わる人びとを描く第五巻第1章「武士・奉公人《ほうこうにん》・浪人」（牧原成征）とも共通する手法といえる。このような町人地と武家地、周辺在方との関係は、江戸、あるいは城下町において広範にみられることと思う。〈久保町〉の場合には、武家屋敷に囲まれた町人地の「町域」が一体性を持つものとしてとらえられていたのだが、こうした個別町いくつかのまとまりとしての「地域」は、自明なものとして江戸内部に広く存在していたのか。あるいは個別の町は職域、武家屋敷との関係、氏子《うじこ》関係など、それぞれにおいて重層的な別のグループをなしていたのであろうか。

第四巻第7章「災害と都市社会」（渡辺浩一）は近年の災害研究の成果をふまえ、安政期（一八五四〜六〇）の連続複合災害を具体的に叙述し、「単種・単独の災害による直接的被害」のみの分析ではみえない被害の重層を突きつける。大災害の連続のなかでも有力者である豪商を中核としたネットワークは機能し続けるものの、直接的人間関係を基盤とする日々の生活を支えてきたネットワークが十分機能しなくなる。「災害からは復興するもの」という固定観念が必ずしも当たらないというのは厳しい指摘であるが、現代の災害と復興の問題を考える際にも避けて通れない課題である。

「地域」の射程

第四巻プロローグにも「地域とは」という問いがあるが、「地域」というのは曖昧な、難しい言葉である。国家より広い面的広がりを指す場合もある一方、日本近世史のなかでは、中央政権の支配域のなかのある一部に、「地域社会」という表現が多用されるように、多くの場合、何らかのまとまりや関連性を持つ範囲を一つの地域として措定するもののようである。個別の人や家、身分集団、そして領主層、支配行政機構までを包括的に論じられる枠組みであるだけに、ある場を「地域」として語ることには無自覚になりやすい。

「地域からみる」というテーマを掲げた本巻の各論を並べて読むことで、それぞれが語る「地域」の射程の違いをみることができるのも、大きなメリットといえる。それぞれの地域社会を語ることを、いかにして「全体」につなげていくのか、その第一歩は、「地域」の措定について充分な説明を与えることであろう。

「身分」のなかの「個」

第五巻プロローグ「身分社会を生き抜く」(多和田雅保)というタイトルには、戦争はなかったという意味では「平和な時代」である近世が生きやすかったかは別であり、そのなかで必死に命をつないだ様子をたどることには普遍的意味がある、という思いが込められている。収録されている多くの論考に、身分集団論の研究史を土台に「近世における集団の存在を重視しつつ、より個人に寄り添う形で考察」するという視点が感じられた。

身分集団から追いやられた人びとについては、第五巻第1章(前掲、牧原成征)が奉公人・又者《またもの》(家臣の抱える奉公人・使用人)の欠落《かけおち》(失踪)に目を向けている。町方でも藩邸でも、犯罪などの問題をおこした者は、関わり合いを避けるために、欠落人として処理されたという。江戸という社会の共存システムの谷間に掃き捨てられるわけである。同コラムⅡ「行き倒れ遍路《へんろ》からみた近世」(町田哲)は、托鉢《たくはつ》行為によって生き延びようと遍路に向う人びとを扱う。平常時には托鉢に応えることで功徳《くどく》を積む信仰的慣行に支えられる遍路だが、飢饉《ききん》ともなれば支える側にも余裕がなくなる。身元を保証する「往来手形《おうらいてがた》」を持たない者は取締りの対象とされたが、出身不明の行き倒れ遍路にも戒名《かいみょう》を与えて追福供養を営む寺もあったという。同第6章「大坂・堀江《ほりえ》新地の茶屋と茶立女《ちゃだておんな》」(吉元加奈美)は、近年の「遊廓《ゆうかく》社会」研究をふまえつつ、茶立女の奉公の実態と彼女たちの生み出す利益を吸い上げる社会構造を明らかにしようとする。「周縁」に着目する方法の広がりと確実な成果の蓄積が、第五巻の諸論考を豊かにしていることは間違いない。

それでも気になるのは、身分集団だけでなくそのなかの「個」のありようにも目を向けるという、その「個」とは誰なのか、身分集団を構成する「家」の代表者である成人のほぼ男性にとどまっているのではないか、という点である。集団や家の内部に埋没させられている隷属的な人びとや女性への言及の少なさは指摘しておきたい。隷属者については、前述のように第四巻で地域に即した形で扱われているが、女性についてみれば、第五巻では第6章以外には、第2章「百姓と商人の間」(多和田雅保)が商人仲間に含まれる女性にふれる程度である。江戸藩邸には女性の姿はないのか、第7章「芸能者」（塩川隆文）が扱う芸能の受容者や実践者には、さまざまなレベルで女性もいたはずではないか。「個」に寄り添う考察は道半ばといえよう。

地域と生業と「身分」

「身分」を扱う第五巻には、地域と「生業」を問う論考が多いことも一つの特徴である。第五巻第2章（前掲、多和田雅保）は、信州高井《たかい》郡《ぐん》の陣屋《じんや》元中野《もとなかの》村《むら》と周辺の、一般には市《いち》の立つ場所で物売りや興行をしていたイメージでみられている香具師《やし》集団を素材に、仲間、親分―身内関係（生活と生業の関係の組織化）、家業、市場と流通までを含めた叙述で、支配領域や人別把握とは別のレベルで存在した「香具師」というあり方を示している。

同第3章「房総《ぼうそう》の山稼ぎと江戸」（後藤雅知）は、岩槻藩《いわつきはん》房総分領の山間村落の人びとが、巨大都市江戸の需要を背景に、藩の山林政策とせめぎあいつつ林産物生産・輸送の諸局面に関わるいくつかの生業を、複合的に組み合わせて暮らす様子を描き出す。第4章「かわたと非人」（三田智子）もまた、和泉国の地域社会のなかに並存し、「自らが所属する集団の秩序の範囲で各人が最大限収入をえようと」しつつ、日々を生き抜いていたとされる。人の生き方を問ううえで、その人が生きた場としての地域と生きるすべとしての生業は必須の要素であり、先に述べた「身分」と「地域」の不可分性は必然といえる。

「身分論」の有効範囲

独自性を持つ地域に根差した多様な身分集団から構成される身分社会としての近世日本、という共通認識を前提とする「身分と人間の生き方」の考察には、限られた有効範囲があることも、忘れてはならない。支配層としての武士とそのもとで生きる百姓・町人という枠組みは、列島の外へは敷衍《ふえん》されない。評者が親しんできた史料「オランダ商館長日記」の例をあげれば、日本では商人が卑しまれている、というのは誇り高き商人たちの巨大商業資本オランダ東インド会社の尖《せん》兵《へい》であるオランダ商館長が、しばしば嘆いているところである。一六五二年の日記には、トンキン向けの銅貨幣の注文に応じた博多《はかた》の豪商伊藤小左衛門《いとうこざえもん》の記事が出てくる。博多の領主黒田忠之《くろだただゆき》（福岡藩二代藩主）が側近を連れて商館見物にきた際、莫大な銀資産を有する大商人である小左衛門は「家来たちのうち最下級の者の前にさえ身を置かず、後ろにずっと控えていた」、「尊大な国民（日本人）のもとで、このような有力な商人が、粗末で貧しい兵士と比べて軽視される」と商館長は驚きをもって語っている（東京大学史料編纂所編『日本関係海外史料 オランダ商館長日記』訳文編之十三（上））。

社会における人の位置づけのありようが異なる場では、人間の生き方をめぐる様相もまったく異なる。その範囲を「国家」とするのか、あるいは「地域」や「文化」と考えることもできるかもしれない。本シリーズの執筆者も複数関わっている高澤紀恵、ギヨーム・カレ編『身分を交差させる―日本とフランスの近世―』ではすでに、異なる地域の近世社会の「身分」を交差させて議論することが始められている。高度に発展した近年の身分論であればなおさら、その外の世界を意識することが重要であり、今後の身分研究をより広げる方途であろう。

政治・社会のなかの宗教・思想・文化

第六巻のタイトル『宗教・思想・文化』は、これまでともすると別扱いされてきた「宗教史」「思想史」「文化史」などを、ひとまとめにしたかのような印象を与えるが、収載された各論考は、いずれも政治・社会との関連を重視したものとなっている。プロローグ「多彩な文化をみる視角」（小林准士）では、近世に、文化の領域にも職能に応じた諸身分の形成が進展し、さまざまな流派がおこったこと、社会の世俗化によって聖俗の棲み分けが生じたことなどを指摘し、そうした状況に適した分析の視角として、文化を選択的に受容した人びとと、さまざまな文化の伝達を職分とした者との関係を横断的に分析する、という方法を掲げ「社会と文化を総合的に捉える視角」が選択されたことを示している。他の巻でも、多様な視点を導入する手法として、文化的事象やその担い手について、さまざまな言及がなされており、全巻を通して縦割りの分野史を超える試みがなされているが、第六巻の姿勢は際立っている。

第1章「近世的な政教関係の形成」（林晃弘）は、豊臣秀吉・徳川家康の寺院政策から、幕府寺社奉行の成立と教団側の触頭《ふれがしら》設定により、幕府による統制が教団自治を前提としたものに転換し、近世的関係が確立する過程を示す。通史編に入っていても違和感のない政治史的論考になっている。第2章「仏教教団・宗派の構造」（朴澤直秀）は、寺院組織はあるが実質的に僧侶集団を欠くような小規模な宗派として、時宗市屋《じしゅういちや》派《は》（京都下寺町《しもでらまち》の市屋道場金光寺《こんこうじ》）を取り上げ、宗派の実態やその周辺と取り結ぶ複雑な関係を描き、教団・宗派の社会集団としての側面に光を当てている。

政治・社会との関係に正面から取り組む研究の重要性に異論はないが、前提となる近世仏教の宗教としての信仰やその実践は、近年の研究史のなかではどのようにとらえられているのか。専門家には自明のことなのかもしれないが、仏教と身近でなくなった現代の読者にとっては、もう少し説明が欲しいところである。

第3章「民間宗教者の活動と神社」（梅田千尋）は、近江《おうみ》多賀《たが》大社《たいしゃ》の例を中心に、神社信仰と関わる多様な宗教者の組織と活動の実際を明らかにしており、これらを複合的に受容する「庶民層」も含む人びとの姿にも言及する濃密な論考となっている。「勧進《かんじん》」という言葉が、寄付を募ることから、巡歴して対価を得て行う宗教芸能活動、さらに物乞いなどの活動をもさすようになっていく点は、「身分」とも関わり興味深い。

第4章「学問流派の分立と教育・教化」（小林准士）は、仏教・神道、儒学、医療などの諸学問流派が分岐・並存する近世の特徴をふまえ、その関係を考察し全体像の構築をめざそうとする、「見通す」ための方法を強く意識した論考である。とくに医学・医療については、教育と統制、身分化、学問、流派などに幅広く言及している。第5章「民衆の生活における思想・信仰」（上野大輔）もまた、語義の明示、方法の整理から始め、民衆を取り巻く精神世界を、具体像に即しつつ総合的に描こうとしている。第6章「民間社会からみる書物文化と医療の実態」（鍛治宏介）は、識字率世界一説批判と、蔵書リストから論じる書物文化の広がりと、医療・まじない知識の受容と、いささかハイブリッドな展開となっているが、医療については、医者の側からの第4章、医療の需要と関わる養生や身体観を読み解く第5章と合わせ読むと、生命・生存に関わる医療とその担い手・受け手の多角的理解が促される。

第7章「近世の寺社参詣とその社会的影響」(原淳一郎)は、「旅の大衆化」という視点から近世における旅を支えるしくみや、寺社参詣の旅の普及の影響を述べる。第六巻を通してこうした文化の受容者については、民間・民衆・大衆・庶民とさまざまな表現が用いられているが、それぞれの言葉のニュアンスの差異に加え、第5章が冒頭で指摘するように、彼らは一枚岩ではない。書き手にも読み手にも、「人びと」をひとからげにしない慎重さが求められよう。

おわりに

最後に、シリーズ全体に通底する視点としての「平和」にふれておきたい。「列島の平和と統合」により「泰平」がもたらされ、それを維持するためのさまざまな「改革」が最終的に限界を迎え内戦に至る。確かに近世は戦争のない時代だった。「「表《おもて》」と「内証《ないしょう》」が平和の維持を目的として政治と司法制度を象っていた」(ルーク・S・ロバーツ『泰平を演じる』)との指摘があるように、「泰平」は守るべきものとして政治的・社会的行動の根底を規定していた。「平和」は、おそらく本書の企画が始まった頃に比しても、今現在格段に重みをもって受け止められる言葉であろう。戦争との対比において無限の価値を与えられるべきことは疑いないにもかかわらず、戦闘を休止し和平に至ることの難しさを、私たちは目の当たりにしている。

こうした今、改めて日本近世の「平和」の語で求められたもの、得られたもの、そしてそれが続くことの意味について、「平和」の一言で終わらせるのではなく、腑分けして考えることが必要なはずである。「豊臣の平和」の実態を問う第一巻第2章(前掲、谷徹也)をはじめ、本シリーズはそのためのいくつもの手がかりを与えている。

二〇世紀に信じられていた多くのことが揺らぎをみせ、未来が不透明な今、過去についても未来についても、誰かに与えられた「見通し」に安住することは難しい。本シリーズが提示してくれた豊富な材料と多彩な論点は、読者一人ひとりが自分の目で「日本近世史を見通す」うえでの、不可欠の道標となるはずである。

〔参考文献〕

荒野泰典・石井正敏・村井章介編『日本の対外関係5　地球的世界の成立』吉川弘文館、二〇一三年
木村直樹『幕藩制国家と東アジア世界』吉川弘文館、二〇〇九年
島田竜登「アジア海上貿易の転換」同編『一六八三年　近世世界の変容』山川出版社、二〇一八年
高澤紀恵、ギヨーム・カレ編『身分を交差させる―日本とフランスの近世―』東京大学出版会、二〇二三年
谷本晃久『近世蝦夷地在地社会の研究』山川出版社、二〇二〇年
東京大学史料編纂所編『日本関係海外史料　オランダ商館長日記』訳文編之十三（上）、東京大学出版会、二〇二一年
羽田正編『海からみた歴史』東京大学出版会、二〇一三年
弘末雅士「近世東南アジア社会の展開」弘末雅士・古澤誠一郎編『岩波講座世界歴史12　東アジアと東南アジアの近世―一五～一八世紀―』岩波書店、二〇二二年
松井洋子「貿易都市長崎からみた近世日本の「売春社会」」『歴史学研究』九二六、二〇一四年
松井洋子「近世日本の対外関係と世界観」『岩波講座世界歴史12　東アジアと東南アジアの近世―一五～一八世紀―』岩波書店、二〇二二年
松井洋子・佐藤孝之・松澤克行編『甦る「豊後切支丹史料」―バチカン図書館所蔵マレガ氏収集文書より―』勉誠出版、二〇二〇年
村井章介『世界史のなかの戦国日本』筑摩書房、二〇一二年（一九九七年初版）
山口啓二『鎖国と開国』岩波書店、一九九三年

アンソニー・リード著、平野秀秋・田中優子訳『大航海時代の東南アジア―一四五〇―一六八〇年― Ⅱ拡張と危機』法政大学出版局、二〇〇二年（原著、一九九三年）

ルーク・S・ロバーツ著、三谷博監訳・友田健太郎訳『泰平を演じる―徳川期日本の政治空間と「公然の秘密」―』岩波書店、二〇二二年（原著、二〇一二年）

書評2

日本近世史を見通せたのか

三ツ松　誠

はじめに

今世紀の吉川弘文館は、「身分的周縁」研究会（第二次・第三次）や共同研究「〈江戸〉の人と身分」、近世地域史フォーラムなど、日本近世史の共同研究（その実態はさまざまだが）の成果を、比較的読みやすい（註に力を入れない）論集に仕立てて刊行し続けてきた。そこでは共同研究の成果を振り返り、今後を見通すための討議に紙幅が割かれていることも珍しくなかった。

本シリーズについても、討議の巻が設けられるということで、「本シリーズでの研究動向に対して、比較的若い層からの見解」を、という依頼が評者にもやってきた。

先述の諸シリーズと異なるのは、対象や論点における共通性を備えた共同研究の成果ではない点である。研究の方法・焦点の絞り方が共通した議論がまとまって登場することは、その研究方法の有効性の如何を明白たらしめ、学界における位置の確立（≠定説化）につながるところであろう。先行企画においては、身分的周縁論・社会集団論、他方での地域リーダー論や「属性」論など、歴史的社会を把握するための特有の方法と結びついた議論が、提起されたように記憶している。ところが本シリーズにおける「研究動向」とは、そのような明確なものではない。

もちろん、個別の論考にはそれぞれが置かれた研究史上の文脈や研究動向というものがあるが、それらすべてを取り上げることは、時間的にも能力的にも不可能である。あるいは、他の評者のように、ジェンダー史、世界史との関連、環境・災害・地域史など、具体的に指定された視点から本シリーズを論じるのであれば、注目度への軽重のつけようもある。そうではなく、本シリーズの全論文に共通する「研究動向」は、ということになると、それはどこに見出すことができるのであろうか。明示されたそれは、「刊行にあたって」に掲げられた視点になろう。具体的には、「研究の個別分散化」、あるいは「近世の初期から幕末期までを貫いて見通すような、通史の観点」や「世界史と連関させて近世日本をとらえるアプローチ」の不足、これらを克服すること（近年の諸シリーズ企画や研究講座の努力も、この問題を解決するには足りない、という認識が示されている）。そのために「視角や問題意識」の「可能な限りでの総合化」を行い、「近世という時代を見通すこと」。こういったところになる。

かくして以下では、この「個別分散化」を克服する他分野との「総合化」がいかに図られているか、あるいは、どう近世史全体を「見通す」工夫がなされているか否か、という観点から本シリーズ全体について考えてみることになる。

しかしながら、本シリーズの読後感は、本当に、個々の論文にこの問題意識は貫徹されているのだろうか、というものであった。既存の諸企画の限界を説いて、「見通したい！」と訴えた編者（例えば、小野将「日本近世史を見通したい！」）の思いはどこまで共有され、そのための編者の介入・工夫はどこまで個々の論文に働いているのであろうか。取り上げられた個別の素材の面白さをあまり問わない書評にならざるをえない点、どこか空しいところもある役回りだなぁ、というのが実感ではあるが、以下、ご依頼に応えるため頑張ってみたい。

なお、「比較的若い層からの」という注文については、実際に若いかどうかは別にして、若さを未熟さ、愚かさと読みかえて、専門外の問題についても蛮勇をふるって取り上げろ、という注文だと理解して議論を進めることにする。

1　どうすれば見通せるのか

大きな「見通し」を塗り替える

では、どうすれば近世史を「見通す」ことになるのだろうか。何らかのテーマについて限られた紙幅で叙述する以上、総合化には限界があること、当然である。しかしながら「見通し」が不充分だ、という主張の前提には、本来もっと見通せていたはずだ、という意識が存在しているはずだ。これまでの研究の発展・成果の豊富化が同時に個別分散化をもたらしたというからには、それ以前（から今に至る）大きな影響を残した研究者は、より総合的な議論を展開していたはずである。

散漫な例示をすれば、安良城盛昭による太閤検地《たいこうけんち》の画期性と固有の時代区分としての近世の意義を強調した小農自立論、それに対して上部構造の重要性に目を向けた佐々木潤之介の軍役論、兵農分離・石高制《こくだかせい》・鎖国の三点セットで幕藩制国家の特質を説明した朝尾直弘説……今日の議論にとっても前提となっている部分もあれば、もはや顧みられない部分もある、これら戦後近世史創成期の諸学説は、近世日本の社会構成体としての総体的特質を把握しようという狙いを持った、言い換えれば近世社会全体を「見通す」ものであったといえよう。近世社会解体期の議論に目を移すと、佐々木潤之介の世直し状況論は、自治体史編さんの活発化に伴う地方文書研究の隆盛とも相俟って、変革主体を求めるものでもあった戦後歴史学を代表する議論として大きな影響力を持った。

時代を下れば、世直し状況論を打ち破った、久留島浩氏以後の地域社会（運営）論、支配身分と被支配身分との対立図式を（次第に）脱構築するようになる深谷克己氏の仁政イデオロギー論や百姓成立論（『百姓成立』）、惣無事令《そうぶじれい》を基軸に豊《とよ》臣《とみ》政権のイメージをひっくり返した藤木久志の豊臣平和令論（『豊臣平和令と戦国社会』）、身分制的分業が構成員それぞれに「役」を与えて社会を安定させた点を評価する尾藤正英の「役」の体系論（『江戸時代とはなにか』）など、階級闘争史観を相対化する諸研究が登場する。あるいは「役」の体系という見方については、尾藤説よりも、惣無事令論と軍役論を総合して身分集団論的近世社会把握の道を切り開くことになった高木昭作の兵営国家論（『日本近世国家史の研究』）のほうが、その後の影響は大きいか。

とはいえ、こうした近世社会を総合的に「見通す」ことをめざした議論、それを更新しようとする営み（で影響力を持った議論）が学界の中心にある時代は、すっかり過去のものになってしまったようだ。個別の研究史の進歩は今なおみられるが、こうした「見通し」を与えてくれる議論のラインナップがあまり変わっていないことは、本シリーズの「刊行にあたっ」た方は同意してくれることだろう。編者の一人牧原成征氏の『日本近世の秩序形成』が再検討した、近世社会のとらえ方についての主要学説も、基本的には先に掲げたような前世紀の議論になる。例外的な近年の議論は、岸本美緒氏による、一六世紀を画期とする東（・東南）アジア全体を射程に納めた近世論である（『明末清初中国と東アジア近世』）。

それらの諸論者と同じレベルの大きな話を新たに打ち出すことはなかなか容易なことではない。だが、果敢にもそれらが下した評価を正面から再検討して、議論の水準を更新しようとする論文に出合えたことは、本シリーズを読んでよかったと心から思えた点である。

まず、第一巻『列島の平和と統合』第2章の谷徹也「「豊臣の平和」と壬辰《じんしん》戦争」は、評者にとってそうした論文の一つであった。政策基調としての「惣無事令」がなかったという近年の指摘をふまえつつ、国内の平和と引き換えの海外への暴力の放出という図式で、壬辰戦争を「惣無事」の延長線上でとらえた藤木説、その乗り越えを課題として掲げる。そして、一応は朝鮮に対して日本側が仁政を掲げつつも、それが空文に過ぎず暴力と破壊をもたらしたばかりか、日本国内でも動員が荒廃や反乱の危険性をもたらしていた（人掃令《ひとばらいれい》もそうした状況下の動員強化策になる）ことを示した。領主が民衆の生存に向き合うようになったのは、むしろその反省のうえでのこととされる。そして思わしくない戦況・戦果や外交交渉のなかで不和やごまかしが広がり、日本型華夷《かい》意識につながる歪《いびつ》な自他認識も形成されたとする。「豊臣の平和」論を批判的に継承して、それが持つある種の「明るさ」を克服するとともに、軍役—身分論、日本型華夷意識や百姓成立といった、近世社会の特質をめぐる諸説を総合しうる議論であり、まさに「見通し」を与えてくれた作品として読んだ。近年盛んになっている、大陸侵攻の原因をめぐる論争（これまた世界のなかの近世日本の位置づけとも関わる、大きな問題である）についてもはっきりとした立場を打ち出しており、研究史上、無視できない意義を持つことだろう。

ところで、先に用いた「世界のなかの近世日本」という言い回しは、そのまま第一巻第1章の牧原成征氏の論考のタイトルになる。この論考は先にあげた岸本説（グローバル・ヒストリー時代の有力説であり、日本史に固有の時代区分としての近世、という見方が過去のものになったことを象徴する議論である）が示した、（他所では）銀の大行進ともいわれる交易の活発化・それに伴う社会の流動化がおこり、それに対応する形で各地に新たな政権が生まれたが、その生まれた新秩序の形はさまざまであった、という議論に対し、日本史の側からそれに接合を図ったものだといえよう。国際的な商業ブームが社会の流動化をもたらした一方、その結果としてできあがった日本の近世社会については、団体的性格がしばしば強調されるところである。ブームの日本への影響の如何、またこの流動化と団体化の相克は改めて問われるべきだ、という『日本近世の秩序形成』で示した課題に、本論考はきちんと答えるものになっている。それはそのまま、兵農分離・石高制・鎖国という近世日本の三大特徴を改めて国際的視点から説明し直すものになっているように評者などには思われる。また、兵農分離の非徹底振りや寛永期の身分秩序のゆらぎをめぐる既存の評価に対する読み替えになっている点や、先の谷徹也氏の論考ともども、一六世紀のグローバル化についての「キリスト教勢力による東アジア侵略とそれへの日本の対抗」という通俗的図式に対する異論になっている点にも注目させられた。

第六巻『宗教・思想・文化』第5章の上野大輔「民衆の生活における思想・信仰」も、必ずしもこの論考が初出の議論ではないのかもしれないが、既存の大きな「見通し」を塗り替えようとする議論であろう。榎本弥左衛門《えのもとやざえもん》や依田長安《よだながやす》、河《か》内屋《わちや》可正《かしょう》など、すでに議論のみられる（横田冬彦『日本近世書物文化史の研究』、若尾政希「江戸時代前期の社会と文化」など）対象を取り上げつつ、民衆思想を養生論や芸能、信仰といったさまざまな面から描き出す。その作業は近世前期の通俗道徳と仏教思想とのつながりを提示することになり、近世近代移行期の石門心学《せきもんしんがく》や民衆宗教を軸に通俗道徳の歴史的意義を強調した安丸良夫の、今なお影響力の大きな議論（『日本の近代化と民衆思想』）の枠組みを脱構築するものになっているといえるだろう。

さて、近世史研究が戦後歴史学の独占物ではないことは当然のことである。第一巻第3章の三宅正浩「幕藩政治の確立」は、「武断政治から文治政治へ」という、戦後歴史学以前からの「見通し」を乗り越える、自分にとっては恐るべき論考であった。徳川綱吉《とくがわつなよし》政権の武家諸法度に見出された「忠孝」の強調が、実は家光《いえみつ》期の諸士法度にはすでにみられること、この時期とりやめになった殉死や証人制も、徳川家光政権〜家綱《いえつな》政権半ばまでの過渡期的な現象に過ぎないことを示し、家綱期に戦国期以来の武断政治に代わって儒教的文治政治が展開される、という転換の図式を破壊したのである。代わって「忠孝」などは家光政権期に押しつけられた武家の規範、主従関係の絶対化のあらわれとして評価され、これが「代々」関係を経るなかで、縁戚関係を伴いつつ「外聞」・同調圧力で定着する。武功は祖先のものとなり、主従関係・家格が恒久化・序列化されるなかで先例・記録が重視されるようになっていく。このように見通される。当該期における社会の安定化をどうみるか、その説明の筋、確かな変化をみせている。

視角を総合化する—思想史・文化史と政治史

三宅氏の論考にみられる武家の意識や規範に寄り添って政治の特質を問う、という姿勢を共有する論考は、他巻にも多くみられる。政局史や制度史にとどまらず、当事者の意識や思想に寄り添って政治を理解しようとする、文化史や思想史的史料を活用した政治社会史が新たな「見通し」を与えてくれている点も、本シリーズの収穫であろう。巻頭言は分野史間の相互理解の欠如を問題視しているが、その立場からすれば、これらの議論は、総合的アプローチの有効性の証拠として、

「見通す」シリーズに相応しいといえるだろう。

まずあげるべきは、第二巻『伝統と改革の時代』第６章の小関悠一郎「「改革」文化の形成」になるだろう。江戸時代の三大改革といえば、かつてよりは存在感が薄れているとはいえ、中学生でも教わる日本史の基本事項である。だが当事者がこれらを同じ「改革」と認識していたのか、といわれると急に話が怪しくなるところであろう。「改革」という言葉やこんにち改革政治と呼ばれることがらは、同時代的にはどう認識されていたのか、を問う小関論文は、まさに当事者たちの意識や規範を通して、政治史上の重要テーマに迫るものだといえよう。そこでは、「改革」に対する民衆の慎重・警戒的な見方を前提に、改革政治の当事者たちの間でも「改革」やそれに類する語はもともとあまり使われないものだったが、一八世紀半ば以降、武士層の引き締めのために積極的に使われるようになっていくこと、その過程では儒者や好学の藩士らのネットワークのなかで「明君」や「文明」と結びつける形で、それを肯定的に評価する言説が流通したこと、これらの事実が指摘された。改革政策の成否を後知恵で評価するだけでなく、「改革」概念が持つ統制的性格の強さを示しつつ（一張一弛史観の再評価にもつながるだろうか）、当事者がいかなる意識をもってかかる政策に踏み出したのかに「見通し」を与える、魅力的な議論にみえた。小関氏のその後の展望は禁欲的だが、近世後期における儒学（特に朱子学《しゅしがく》系）の普及が政治常識を変え、兵営国家としての幕藩体制の崩壊期に役割を果たした、とする近年の思想史系の議論とも親和的である。

あるいは、同第７章の吉村雅美「学問の場でつくられた対外認識」は、近世中後期の諸階層の対外認識を、思想・文化を軸に描き出すものになる。「鎖国」に代わる対外関係の枠組みを示すキーワードとして、「四つの口」概念は今や人口に膾炙《かいしゃ》しているが、それに関する基本事項を手堅くまとめるとともに、諸藩の視点からこれが描き直される。そのうえで、儒学学習そして芸能・文化交流が、為政者層を含む諸主体の対外（に限らない自己）認識形成に対して果たした役割が、具体的に示されることになる。洋学を通じた海外知識の深まりについても、武士層における具体相が描き出される。ただし、それの受容のあり方が、身分制社会に規定されたものであった点への留意を促すことも忘れてはいない。総じていえば、身分制社会における学問の広がりの具体像（古い言い方をすれば、庶民的というよりは権力的受容になるか）と、対外認識の枠組み論とを総合化した論考になるのだろう。

　第三巻『体制危機の到来』第1章の清水光明「寛政改革から「大御所《おおごしょ》時代」へ」は、寛政改革期の社会と政治を同時に総合的に把握するため、歌舞伎役者初世中村仲蔵《なかむらなかぞう》や狂言《きょうげん》作家並木五瓶《なみきごへい》らを取り上げ、実体験・作品の両面から当時の社会状況、打ちこわしや御所千度参《ごしょせんどまい》りの経験を描き出す。そのうえで、同時代人である大坂の儒学者中井竹山《なかいちくざん》が、かかる社会をどうとらえたのか、それが竹山と関わった老中《ろうじゅう》や大坂在勤の諸政治家を通じて、どう寛政改革の諸政策につながったのか、具体的に確認されることになる。松平定信《まつだいらさだのぶ》に提出した献策「草茅危言《そうぼうきげん》」の寛政改革への影響という、指摘はあっても具体的に明らかにされてこなかった事柄が、民間社会から知識人、そして政治家、政策へ、という影響関係をすべてつなげる形で描き出されている。総合的な歴史叙述をめざすうえで、扱う「史料」の性格の幅広さがいかに有用なものであるか、実感させられた。「ふつうの人々の眼」からではなく「権力や著名人の視座から」ではあるが、「論点の多様さ、豊かさとともに、全体史への志向が明確に窺える」論考であろう（ここでの「全体史」についての表現は、吉田伸之・森下徹編『全体史へ《山口啓二の仕事》』から借りている）。あるいは、朝幕関係における画期性や編纂事業の盛り上がりという、学知を重んじた寛政改革をめぐる重要論点についても、新たな史料・視点を提示することで独自の展望を示している点が注目されよう。

　ただ、史料・方法を多様化すればそれだけで「見通し」が得られるのかとなると、そうはいえまい。第二巻第1章の村和明「将軍専制と社会」は、綱吉から吉宗《よしむね》の時代の幕府の権力構造を、権力に接近しようとした商人の側から「見通し」てみようとする試みである。三井家《みついけ》と将軍側近の関係を通観したその作業は、町人相手ではなく、将軍専制と側用人《そばようにん》政治の構造を利用した商売で成長を遂げた三井家の姿を明らかにするものである。あるいは、諸所に出入りして政治家に接近しうる本因坊《ほんいんぼう》ら碁打ちが、商人や大名にとって権力に接近するための媒介として機能しえた点の具体的な指摘もある。筆者の説く通り、文化史・芸能史に位置づけられがちな素材から、政治権力と社会との関係を明らかにした好論であろう。しかし、この論考は果たして、表題に掲げられた当該期の「将軍専制と社会」について、「近世史研究がこれまでに到達した見地を」「集成」するという本シリーズの課題に応えるものになっているのだろうか。例えば新井白石《あらいはくせき》政権の性格の今日的評価といった点について「見通し」たいと思った読者にとって、これでは答えにならないわけである。三井家の通俗的イメージに異論を投げ掛け、また諸身分集団のなかでの碁打ちの置かれた位置とその機能について示した本稿は、むしろ第五巻『身分社会の生き方』に入っている方がよかったのでは、というのが評者の率直な感想である。とても面白かったのだが、この論考の意義が「近世の初期から幕末期までを貫いて見通す」という通史的課題に応えるところにあるようには思えないのである。

「近世史研究がこれまでに到達した見地を」「集成」しているかどうかという点にこだわるならば、不満の残る点は他にもあった。評者が専門とする思想史についていえば、前掲の小関・吉村・清水氏の論考と、思想・学問を切り口に政治（社会）史に迫る議論は豊富だったが、水戸学《みとがく》を含めた儒学や洋学、国学といった、既存の研究史において重視されてきた学問の内容面も含めたその展開・普及・影響の過程について、研究の現水準が説明されていないように思われるのだ。第六巻は、いわゆる宗教史・文化史に関する議論が紙幅の大半を占め、思想・学問に関しては、医学を中心的素材にした第4章の小林准士「学問流派の分立と教育・教化」が一手に引き受けている様子である。諸学問・諸宗教の社会的併存状況をどうとらえるか、というここで示された取り組み方は、確かに俯瞰的・分野横断的に思想・学問・宗教を「見通す」ための有力な姿勢の一つであろう。とはいえ、それぞれの学問・宗教の内実が近世社会の展開過程でいかなる役割を果たしたのか、についての「近世史研究がこれまでに到達した見地」の「集成」とはいえないだろうし、そうした目線でこの論考を評価すること自体、お門違いなのだろう。

2 見通す必要はあると思われているのか

見通すよりも大事な（んだと思われている）こと

自らの素材によって近世史研究にとって重要な「見通し」を更新すること。これができれば素晴らしいことなのだが、言うは易し、行うは難し。評者にも難しい。問題なのは、自らの扱ってきた素材からみえてくるものを提示する作業を行えば、「近世史研究がこれまでに到達した見地」を「集成」すること、そして「近世という時代を見通すこと」、これにつながるとは限らないことなのだろう。

自治体史編纂担当者や学芸員として、点数の多い地域の史料を整理し、内容を正しく解読し、紹介する。あるいは査読論文を投稿する際に、史料を広く集め、先行研究よりも精緻な読み・解釈を提示して、研究者としての力量を示す。近世史の専門家になるうえで求められるこれらの作業は、乱暴にいえば、勝負するべき土俵の範囲内で、より「深い」読みを求めるものである。これらの作業を欠いたままで専門家になることは難しい。だから、自ら取り扱ってきた史料に即して江戸時代像を描き出すことを拒む近世史家はあまりいないだろう。しかし、他者のさまざまな研究成果を集成して時代全体を見通すことを、自分の仕事だと思わない研究者はいるのではなかろうか。そこまではいかないとしても、自分の実証研究に即した話を書くべきだ、という職業倫理感覚は、よくみられるものであろう。その結果として、取り上げた対象の範囲内に知見が制約されて、おのずと導き出される「見通し」に限界が生じているケースが、ままみられるのではなかろうか。

本シリーズ、とくに第四巻～第六巻には、地域社会論・社会集団論的視点を備えた研究が数多く掲載され、特定地域・特定の集団に議論の的が絞られたものもいくつかみられる。複雑な社会をその複雑さを捨象せずに整理してみせる技量の見事さは、精緻化した現在の歴史学研究の到達点として、評者ごときには感嘆するほかない。しかし、それは個性的な部分社会に没頭することを可能とするものではあっても、それだけで総体としての近世社会あるいは近世史研究についての「見通し」を与えてくれるものだといえるのだろうか。「見通し」をめざした本シリーズの研究動向は、果たしてどこまで共有され、全巻の編集・改稿作業にそれはどこまで貫かれているのだろうか。

もちろん、身分制社会論の立場から社会集団のさまざまな姿を明らかにすることが近世史研究の一大課題だ、とする有力な研究動向は、第五巻のプロローグ「身分社会を生き抜く」（多和田雅保）で説明されており、地域内部の社会構造の解明を地域把握の方法として重視する立場も第四巻『地域からみる近世社会』のプロローグ「地域からみる現代社会」（志村洋・岩淵令治）で説明されている。これらの立場に即して個性を叙述するのだ、ということであれば本論で諸研究を集成して「見通し」を示す必要はない――そういう見方もありえよう。

あるいは、過去の人びとが具体的にどのように生きたのかを明らかにすることは、ひるがえって人間は何のために生きるのか、問い返す手掛かりとなる、という第五巻のメッセージと、戦略的に準備された、それにふさわしい内容を備えた議論は、それだけで読者の胸を打つ。第四巻における「新自由主義時代の地域社会研究」「幻想の近世都市像」の書きぶりは、近世社会の具体相の分析を通じて現代社会の矛盾をどう認識するか、という課題の存在に気づかせてくれる。江戸の世は遠くなり、既存の近世史研究の歩みに即して議論を立てるやり方だけではアクチュアリティに欠ける、という切実な実感が、両巻の編集姿勢の裏側にはあるのだろう。

とはいえ、「刊行にあたって」既存の議論の欠点を指摘しながらこれを課題として掲げている以上、きちんと個々の論考で「近世史研究がこれまでに到達した見地」を示し、それをふまえた当該分野の「見通し」を伝えるべきではなかったか。「豊富かつ多様」な成果を生み出してきた近世史研究の今日的水準をよく体現し、それを先に進める論文集としてみるならば、評者にとってもそれぞれの巻は、よく練られた、記憶に残る成果の束であった。しかしながらそれが持つ精緻さへの志向と、本シリーズにとっての克服すべき課題として掲げられている研究の個別分散化とは、同じコインの裏表なのではなかろうか。専門から遠いところも多く、その意味では素人からの注文になるのかもしれないが、本シリーズの想定読者を狭く見積もらないのであれば、たとえ素人だろうと、読んで「見通し」を得られるかどうかは大事だと思うのである。

こうした立場から、特定の部分社会の復元が主要素を成すいくつかの議論について、感想を述べたい。そうした議論ながらある種の「見通し」を得られたと思ったのは、第五巻第4章の三田智子「かわたと非人」である。この論考は、かわたと非人に関する一般的整理の今日的水準を示したうえで、しかしながらそれらの役や組織編制のあり方には地域差が大きいことを説明し、歴史的に形成されたそれらの違いを具体的に把握していく必要がある点を指摘したうえで、個別事例を詳細に説明している。この問題は、個別事例の個性を通じて理解するべきだ、という主張（もう少し研究史上の文脈に饒《じょう》舌《ぜっ》になってもいいのでは、という気はしたが）がセットになっており、個別事例へのこだわりが、そのまま「見通し」であると受け止めることができた。

他方、個別事例へのこだわりと、そこで示された「見通し」の組み合わせに、違和感を覚えた議論もあった。第三巻第6章の野尻泰弘「民衆運動からみる幕末社会」は、民衆運動の類型をいくつかの次元から紹介するとともに、領主＋富裕層と抑圧された民衆との間の対抗関係という図式が過去のものとなり、民衆運動からさまざまな問題を読み取るようになっていることを説いたうえで、数多くの民衆運動が幕藩体制を解体に向かわせたと述べ、幕末越前の民衆運動を分析対象に据える。具体的に取り上げられるのはまず、福井藩札《はんさつ》の暴落問題である。これは他領民にも打撃を与え、幕府を巻き込んだ合法非合法の闘争が政策変更をもたらしたという。次いで、鯖江《さばえ》藩《はん》の所領替えの問題が取り上げられる。鯖江藩が褒賞的村替えをうけることになると、候補となった越後の高田《たかだ》藩預所《はんあずかりどころ》でも、越前の幕領の村々でも、反対運動が相次いだ。これは藩主の失脚で沙汰止みになるが、逆に鯖江藩領の一部が幕領化されることになり、村々は反対するが、成功しなかったという。こうした地域社会の個性に寄り添った運動の実態叙述には、興味深いものがある。しかしながら、最終的にこの論考は、他事例も含めた多種多様な民衆運動について、「運動には限界もあったが、身分制社会のなかにあって、自分たちの生活を守るために果敢に幕藩領主へ挑んだことは、運動規模の大小にかかわらず、民衆の力量や心性を示すものであり、新しい社会の到来を予感させるものであった」といった一般的総括を行う形で締めくくられている。この事例を取り上げたからこその既存の「見通し」「これまでに到達した見地」の更新点ではなく、やや異なる時期・他の地域を素材にした場合でも可能な評価が末尾に置かれているところからは、通史的説明を求められているがゆえの窮屈さを感じた。プロローグである程度の研究史上の説明を与えてくれており、必ずしも通史的意義において編集されているわけではない第四巻『地域からみる近世社会』に割り振られていれば、支配の錯綜性をめぐる論点など、素材の魅力がもっと輝いたのではなかろうか。

やはり「見通し」は得られる

もちろん、特定の部分社会を中心的素材にしつつも、その再構成を超えたところに面白みを感じた議論もあった。第四巻第6章の酒井一輔「在方町《ざいかたまち》の社会構造と行財政システム」は、身分制社会の社会編成のうえでは在方＝村でありながら、実態としては市場経済化のなかで都市化した存在である在方町について、現在の研究水準を簡潔に整理するとともに、制度的な村の内部に自治組織としての「町《ちょう》」が成立し、村の支配・行政・自治機能を代替していく点を、自らがこだわりをみせる地域とは別の事例も活用しながら、説明していく。そのうえで、非農業部門が発達した社会では、役負担の基準として機能不全をおこしていた石高制にもとづく高割などとは異なる賦課のしくみを発達させたことを示してみせた。三都《さんと》において、市場経済の発達に伴い、身分制的役負担の構造に対応して共同性を持った元々の町組織が機能不全をおこしていくことは、かつて吉田伸之「町人と町」が示したところであろう。ところが、この論考は、市場経済の発達・商人の成長に伴う身分制的役負担構造の機能不全が、むしろ「町」の共同性を発達させる姿を描いている。「見通し」をつけるために用られている研究史の文脈はそれとは大きく異なるのだが、評者は、「町」を素材に、身分制社会の変容と資本の論理をめぐって、吉田氏とは異なるタイプの「見通し」を与えてくれるものとして読んだ。そう読まない読者にとっても、主張に合わせて下総国香取郡佐原《かとりぐんさわら》という素材をきわめて選択的に提示している姿勢のお陰で、在方町の性格とその歴史的評価についての「見通し」を与えてくれるものになっているのではなかろうか。

身分制的支配・行政の構造と役負担のあり方をめぐっては、同第4章の岩城卓二「「勧農」と「取締」の幕末社会」も印象深かった。津和野藩《つわのはん》内の大森代官所《おおもりだいかんしょ》支配の飛び地五ヵ村について、幕末期に「勧農」と「取締」を命じられた銅山師堀藤十郎家《ほりとうじゅうろうけ》を軸に描いたこの論考は、個性的な地域の社会構造の叙述として、きわめて興味深い事例を示している。とくに、代官所の下、村役人ではなく銅山師が「取締」る中間層となって地域社会の維持がめざされたこと、そのための手段は近世的社会秩序を回復させるための百姓への「勧農」だったこと、しかしながら銅山師も地域の村役人・百姓も、鉱山開発や農業という、身分に対応した生業だけでは経営を維持できない状況に陥っていたにもかかわらず、その継続をめざし続けていたこと、これらの逆説の指摘には唸《うな》らされた。身分制的な生業＝役負担の構造が、経済合理性を欠いた状況でも維持されたことを強調するこの議論は、評者には、中間層の政治的経済的力量の成長が身分制的領主支配を乗り越える方向に働く点を強調するタイプの地域社会論とは異なった、地域社会の公共性についての「見通し」を示しているように思われた。

これらの議論から評者が強い印象をうけたのはなぜかとしばらく考えてみたのだが、それはおそらく、身分制下のある範囲の社会の個性に光を当てつつ、そこに共有された身分制的特質が時代の変化とどう関わってくるのか、既存の「見通し」をどう更新するのか、浮き彫りにするような議論をみて、身分制社会に注目することが持つ「見通し」を与える力を実感させられた、ということなのだろう。

おわりに

ご依頼の趣旨を非生産的な方向で受け止めてしまい、比較的若い＝愚かな人間の目線、あまり内在的ではなさそうな視点から、目についた範囲で面白かった論考、考えさせられた論考をアトランダムに取り上げたに過ぎない書評になってしまったのではないか、と恐れている。特段取り上げなかったが、重要なテーマについてそれにふさわしい研究者が「近世史研究がこれまでに到達した見地」を、それぞれのセンスや蓄積を生かしながら（研究史整理というよりも事実に関する知見の紹介という形で）「集成」した数々の論考からは教えられるばかりであり、それは手軽にそれぞれの分野についての、現時点ではそれに依拠してよい水準の「見通し」を与えてくれるものだったように思う。そもそも、これまで議論の蓄積が少なかったテーマについての「見通し」は、それだけで有難いものであった。日本近世史研究者の営みの現状を見通すうえで、本企画が有益なものであることは間違いのないところであろう。最近のシリーズものとして学生にまず薦めたいのは事実である。個々の論文の魅力、個々の巻が切り開いた世界の持つ意義、得るものは大きかった。

しかし、繰り返しになるが、やはり評者には、「日本近世史を見通す」という「本シリーズでの研究動向」、言い換えれば企画者の意図は、果たしてこのシリーズの全体を貫いているのだろうか、かかる意図によってどこまで各論考に介入がなされたのだろうか、という疑問が拭えないのである。「刊行にあたって」は、近年の講座やシリーズ企画も、個別分散化や通史的／世界史的視点の不足といった問題を解消できないままではないか、と厳しい評価を与えている。近年の研究講座としてまず名前があがるのは、例えば『岩波講座　日本歴史』（岩波書店、二〇一三〜一六年）であろう。評者はこの講座を、テーマの幅や議論の粒度などについてはきちんとした調整を経たもので、さまざまな研究分野への目配りや通史的視点への配慮を備えた学ぶべきものと思っていた。評者ももちろん、残された課題がないなどとは考えていない。しかし、こうした先行企画に対する（評者からみれば）手厳しい評価は、総体としての本シリーズの編集作業に対しては跳ね返ってこないものなのだろうか。

〔参考文献〕

朝尾直弘『朝尾直弘著作集　第八巻』岩波書店、二〇〇四年
安良城盛昭『日本封建社会成立史論　上』岩波書店、一九八四年
小野　将「日本近世史を見通したい！」『本郷』一六八、吉川弘文館、二〇二三年
岸本美緒『明末清初中国と東アジア近世』岩波書店、二〇二一年
久留島浩『近世幕領の行政と組合村』東京大学出版会、二〇〇二年
佐々木潤之介『幕藩権力の基礎構造』御茶の水書房、一九六四年
佐々木潤之介『幕末社会論―「世直し状況」研究序論―』塙書房、一九六九年
高木昭作『日本近世国家史の研究』岩波書店、一九九〇年
尾藤正英『江戸時代とはなにか―日本史上の近世と近代―』岩波書店、二〇〇六年
深谷克己『百姓成立』塙書房、一九九三年
藤木久志『豊臣平和令と戦国社会』東京大学出版会、一九八五年
牧原成征『日本近世の秩序形成』東京大学出版会、二〇二二年
安丸良夫『日本の近代化と民衆思想』青木書店、一九七四年（平凡社、一九九九年）
横田冬彦『日本近世書物文化史の研究』岩波書店、二〇一八年
吉田伸之・森下徹編『全体史へ《山口啓二の仕事》』山川出版社、二〇二〇年

吉田伸之「町人と町」『講座日本史５　近世１』東京大学出版会、一九八五年
若尾政希「江戸時代前期の社会と文化」『岩波講座日本歴史　第11巻』岩波書店、二〇一四年

書評3

「日本近世史を見通す」シリーズを通読して

横山百合子

はじめに

「日本近世史を見通す」シリーズは、今世紀以降、とくに二〇一〇年代から近世史研究の最先端に立ってきた世代の成果を総括的に提示し、第二の四半世紀への展望を明らかにしようとするものである。いずれも、新たな史料発掘への取り組みとその緻密な分析によって近世社会の多様な側面を浮かびあがらせる成果である。

その多彩な成果を一読し、いつの時代にもいえることとはいえ、〝研究者も時代の子〟であるという厳然たる事実を、自分自身を含め改めて痛感させられた。頻繁に海外と行き来し、あるいはオンラインによる海外研究者との共同研究が日常的に行われる今日、孤立的なイメージでとらえられてきた日本近世史を見直そうという課題意識が生まれるのは当然であろう。もちろん、近世社会を世界史のなかにおいてみるという視点自体は、それ以前から自覚的に取り入れられ、実践されてきたものである。しかし、単に近世社会をとらえる際の枠組みとして対外的契機を位置づけるのでなく、国内の諸政策を海外との緊密な関係性のなかでとらえ、具体的にその政策的関連性を明らかにしようとする研究姿勢は、本シリーズのもっとも新しい特徴といえよう。

また、外国為替相場の変動や労働市場の流動性などがごく身近なニュースとなっている今日、現代の経済問題を分析する経済学の範疇とまなざしを近世社会に向ける新たな潮流が生まれてくるのも、グローバリゼーションの反映であろう。一方、今世紀に入り、現代世界の大きな潮流となりつつあるジェンダーやマイノリティへの関心とそれをめぐる動向は、日本社会にも浸透しつつあるものの、グローバリゼーションと同様に日本社会を席巻しているとはいえない。むしろ、一四六ヵ国中一一八位（二〇二四年、世界経済フォーラム発表）と、長い間変わらない日本のジェンダーギャップ指数に対応する日本社会における関心の偏在や希薄さは、本シリーズからも明白に感じられる。まさに研究も、社会のなかで生まれ、育つという感を深くした。

本シリーズは、第一巻〜第三巻により近世社会の展開を通史的に追い、第四巻で地域、第五巻で身分社会、第六巻で宗教・思想・文化を取り上げるという構成になっている。緻密な実証に裏づけられた多くの分野の研究成果に対して、的確なコメントを述べる能力はもとよりなく、十分にふれることができなかった論文もあることをあらかじめお断りし、自分自身の個人的な問題関心に即して論点と思われることを述べて、書評の責めを塞ぐこととしたい。

1　「世界のなかの近世日本」という視点

国立歴史民俗博物館の「近世」展示との比較

かつて私が勤務していた国立歴史民俗博物館（以下、歴博）の第三室「近世」の展示は、久留島浩氏を中心として、一九八〇年代から今世紀ゼロ年代前半頃までの近世史研究の成果を総合的にとらえるという意欲的な構想にもとづいて作られたものである。来館者は、入口で一七世紀初めの日本人の海外認識を反映する「万国総図《ばんこくそうず》・人物図《じんぶつず》」と、一九世紀に来日したシーボルト作曲のフォルテピアノ演奏「日本」に迎えられ、繁栄の江戸を描く「江戸図屏風《えどずびょうぶ》」を背にして「国際社会の中の近世日本」の大テーマと向き合う。周囲の壁には朝鮮・蝦夷地《えぞち》・長崎・琉球を描く屏風と絵巻が置かれ、展示室中央には、輸入品としては生糸の束、輸出品は銀貨や棹銅《さおどう》、海産物などが展示されている。続いて都市、流通、文化などを展示する部屋を通り抜けると、近世展示の最後「村からみえる「近代」」で、来館者は、今度は最大の輸出品となった生糸生産の展示をみることになる。世界的な物と人の交流のなかで近世日本とその構造変化をとらえる視座が、九〇年代以降の日本近世史研究の中核に据えられていたことがうかがえよう。

一方、二〇一〇年代以降の成果を集大成した本シリーズの最大の特徴も、「世界のなかの近世日本」という視座が全体を通して意識されているところにあると思われる。以下、その特徴や、対外関係と国内政治の連関のとらえ方をみたうえで、次節で、歴博の展示で提起されている課題意識との相違についても考えてみたい。

時間と空間を拡大して近世史をとらえる

本シリーズ第一巻のプロローグ「現代からみる近世の幕開け」とそれに続く第1章「世界のなかの近世日本」（ともに牧原成征の執筆）では、その問題意識が、大略次のように説明されている。すなわち、「鎖国」の見直し以来、対外関係史は豊かな成果をあげてきたが、それらは山口啓二・朝尾直弘・高木昭作・藤木久志らによる従来の近世史像に対外関係史を加えるものであって、近世社会像自体を描き直すものではなかった。本シリーズでは、対外関係史という枠のなかで国際社会をとらえるのではなく、世界史と近世日本の制度体系や社会構造との関係を具体的に問うことが課題であるとされ、「ヨコにつながる」（三頁）という言葉でも表現されている。始まりと終わりだけでなく、中間の時代も含めて、それぞれの時期の社会や諸制度が世界史といかに関係づけられ、不可分な関係にあったのかを、具体的に明らかにしたいということだろうか。

通読して、このような課題意識が生み出す新たな近世史研究の特徴として、次の二点が強く感じられた。一つは、従来の研究でも指摘されてきたことではあるが、世界史的視点で歴史の変動をみようとする場合、対象の空間的位置が格段に広がり、時間的な幅が長くなることである。一六〜一七世紀の諸地域・諸国家の作用―反作用の関係は、「東アジア・東南アジアの歴史的変動に共通のリズムをもつ文明圏」（岸本美緒「構造と展開」『岩波講座世界歴史13 東アジア・東南アジア伝統社会の形成』）という広大な空間を中心に展開し、その結果、近世という時代の成立は、相当の空間的・時間的な幅を持った近世化の動きとして理解されるようになる。同様に近世から近代への転換の場合には、空間的には、東アジア・東南アジア地域を超えて環太平洋地域が、国内の政治・経済・社会の具体的政策や事象において決定的な意味を持つ空間として描かれていく。また、時間的な幅も、従来議論されてきたような明治維新の起点を天保改革におくか、ペリー来航を重視するかといったスパンから、環太平洋地域とその背後にある毛皮をめぐる国際的な三角貿易成立以降、すなわち一八世紀末以降を起点として維新を遠望するところまで拡大される（横山伊徳『開国前夜の世界』）。

二つ目に、「うねり」とも表現される右のような時間と空間の幅のなかでは、権力体の樹立や重要政策に決定的な意味づけを行ったり、それらを社会変動の転換点としたりする見方はしにくい。鎌倉幕府成立を文治元年（一一八五）の守護《しゅご》地頭《じとう》設置にみるのか、建久三年（一一九二）の源頼朝《みなもとのよりとも》の征夷《せいい》大将軍《たいしょうぐん》任官にみるのかといった、かつて私自身も学校の授業で紹介していた議論や、太閤検地《たいこうけんち》を古代の終焉とみるのか封建制の再編とみるのかをめぐって激しい議論となった太閤検地論争のように、社会や制度の特質を年表的事項や一つの事象に鋭く表象させて掘り下げるといったアプローチが避けられ、政権成立や重要政策をメルクマール（指標）とするような評価もみられない。むしろ、世界史的にも列島社会内においても、地域差や時間差、そのズレが重視され、種々の政策の位置づけは、具体的な課題のための政策というレベルに引き下げられていく印象をうけた。時代の変化は、そのようないくつかの政策や事象が連関し絡みあい、その総体が全体としてゆるやかに時代の変化をもたらすといったイメージともいえよう。いいかえれば、一つの事象／政策の本質的な意義を問うという形から、いくつかの事象／政策の重層的な意味や、他の事象／政策との連関を重視し、流れを記述するという姿勢が強くなったように思えた。

これらの点をふまえ、次節では、通史的展開としての第一巻から第三巻までをみてみたい。

2 対外関係と国内政治の連関

変わる幕府政治史のイメージ

第一巻『列島の平和と統合』、第二巻『伝統と改革の時代』、第三巻『体制危機の到来』というタイトルの三つの時期区分にもとづき、第一巻では織豊《しょくほう》政権期から四代将軍徳川家綱《とくがわいえつな》までの政治と対外関係が扱われる。先にもふれた第1章「世界のなかの近世日本」（牧原成征）は、その全体的な歴史像を語るものである。この論考は、例えば刀狩《かたなが》りについては、畿内の分業の展開を前提としつつ、領主層にとっては、一揆《いっき》抑止と百姓に対する職分専念や現世利益のイデオロギーの提示をあわせ持つ政策とし、重層的な意味を持つものと位置づける。また、豊臣《とよとみ》政権期の兵農分離政策とバテレン追放令を密接な内的連関をもつ政策だとする。さらに、一六三〇年代以降の奢侈《しゃし》禁止・身分統制令を、困窮する旗本《はたもと》対策や「かぶき者」対策とみる従来の国内政策史的解釈を退け、奢侈禁止と貿易制限政策が不可分の関係にあったことを指摘し、東アジア交易ブームと下剋上（階層流動化）の終息過程とが、近世的身分秩序の形成過程として位置づけ直される。国内政治史の見地から宣教師やオランダ商館長関連の史料を博捜し、東アジア・東南アジア世界との関係を起点に半世紀近くをかけて進行した一七世紀中葉の近世的な社会秩序の形成を見通しているわけで、前述した時間と空間の拡大という本シリーズの特徴をもっともよく示しているといえよう。将軍の代替わりで政治方針が変わっていくような幕府政治史のイメージは、本シリーズで相当に変わるのではないだろうか。

第2章「「豊臣の平和」と壬辰《じんしん》戦争」（谷徹也）も、藤木久志の豊臣平和令研究の批判的総括をふまえて、「豊臣の平和」が法令や政策によって斉一的《せいいってき》に貫徹されたのではなく、秀吉による複雑な国内統一の政治過程を通して生まれた地域秩序の反映として実現したものとする。また、第5章「島原《しまばら》の乱と禁教政策の転換」（木村直樹）は、近世の対外政策の中核をなす秀吉《ひでよし》以来の禁教政策の質的な転換を、国内状況や人別把握のような統治の深部につながる政策変化から見通す。いずれも、内政と対外政策の内的連関を重視するという本シリーズの狙いをよく示しているといえよう。

近世を対外的契機・軍事的契機から〝見通す〟

一八〜一九世紀を扱う第二・三巻では、まず第二巻第3章「長崎貿易と国内市場をつなぐ商人集団」（彭浩）が、長崎会所《かいしょ》を介して結ばれる外国商人と国内の貿易商の関係、および長崎と全国各地の商品集散地の関係という重層的な構造を描くことで、対外関係と国内商業のリンクの状況を明らかにする一方、同第7章「学問の場でつくられた対外認識」（吉村雅美）は、国内の学問と「知」の現場から、対外認識が形成されていく過程を具体的に描き出す。さらに第三巻第5章「一九世紀の蝦夷地と北方地域」（谷本晃久）では、幕府やロシアの対外政策の変化と蝦夷地における社会構造の変化を密接に連動するものとしてとらえ、そのうえで先住権・国境問題など現代の課題への新たな視角を提起する。総じて、国内史として取り上げられてきた諸局面と対外関係の内的関連をすくい上げる努力や、対外関係が現実に展開される場の具体像を掘り下げようとするものといえよう。

一方、幕末史が対外的契機を抜きに考えられないのはいうまでもないが、同じく第三巻第7章「幕末の日本、一九世紀の世界」（小野将）は、精緻を極める国内政局の研究と、対外的契機やその成果とを有機的に結合させる視角が不十分であると指摘する。小野がいうように、京都政局の詳細な解明に集中する近年の維新史研究と、右にみてきた近世史研究における視座の転換という動向は、容易に埋められない溝であろう。このような現在の研究状況をふまえ、小野論考は、その視座を日本—西欧から環太平洋世界へ、さらに国民国家形成過程における内戦と国家対立という一九世紀世界全体に拡大し、そのなかに明治維新を位置づけようとする。また、軍事技術を含めた幕末日本をとりまく環境自体が、近世身分制の急速な解体を必然的なものにしたとして、対外的契機と身分社会の解体の連関を指摘する。この指摘は、身分制の解体を国内的な矛盾の展開過程としてみてきた私にとって、対外的契機の重要性を改めて自覚させられるものであった。

以上のように第一巻から第三巻までを通してみると、一六〜一七世紀東アジア世界の「近世化」のなかで、日本では、対外戦争を含む厳しい軍事的緊張を経て、軍事力編成を柱として権力統一が進められ、近世の終焉も、対外的契機にもとづく軍事問題を重要な要件の一つとして進行したことがよくみえてくる。この点で、本シリーズは、対外政策と軍事的契機を軸として近世社会を〝見通す〟一貫性を示しえているといえよう。

武士とその周辺の通史

しかし、グローバル・ヒストリー一般にいえることかもしれないが、右に述べてきたような、ある種の俯瞰的・超越的な視座は、一方で自国やそこに生きるということへの内省を弱める側面もあるのではないだろうか。例えば、前述した通り、現在の歴博の近世展示室においては、「国際社会における近世日本」を大きな柱としている。このテーマを、日本における国立の博物館で展示する場合（それゆえにというべきかもしれないが）、アイヌの人びとをはじめとする、四つの「口」を介して向き合う人びとを「他者」とし、その文化を「異文化」としてみることについて深刻な省察が行われ、それをふまえて展示が構成される（久留島浩「「異文化」を展示すること・「自文化」を展示すること」）。それは、対外関係を対象としながら、対象を「異文化」としてとらえるようになっていく「自文化」や自国日本そのものを問い直す姿勢ともいえよう。同時に、そのような「異文化」へのまなざしの形成のなかで、さまざまな形で現象する権力関係や社会の矛盾に眼を向け、異国人の行列が民衆に将軍の国際的な威光を知らしめる意味をもったとして展示するなど、国際環境のもとでの国内社会の矛盾への自覚的考察が大きな課題として意識されている。一方、本シリーズの場合、いくつかの例外はあるものの、そのような国内における権力関係や矛盾への関心は、やや後景に退いているようにもみえた。そして、それゆえ、本シリーズ第一巻〜第三巻の通史は、基本的には、政策を遂行する武士とその周辺の通史となっている印象をうける。

次の第四巻〜第六巻までは、順に、『地域からみる近世社会』『身分社会の生き方』『宗教・思想・文化』と題してさまざまな視点から近世社会を描く巻である。私自身の勉強の乏しさから、ごく一部について論じることしかできないが、必要に応じて第一巻〜第三巻にもふれながら、感じたことを述べてみたい。

3　身分論の定着

「身分とは何か」から「身分社会をどう生きたか」へ

本シリーズでは、近世社会への接近の仕方として、「後世の枠組みによる無自覚な裁断を避け、同時代の認識の枠組みを可能な限り理解」する（第二巻プロローグの村和明「泰平のなかの変化と対応」）、あるいは「現代社会の価値観にもとづく「教訓」を得られるような史実やデータ」の抽出にとどまらず、具体的な生のありように迫りたい（第二巻コラムⅠの佐藤大介「一七〜一八世紀の気候変動と仙台藩」）という意識が共有されていることは間違いないだろう。身分を取り扱った第五巻『身分社会の生き方』も、身分とは何かという後世の目からみた枠組みについて論じるのではなく、そのタイトルからもうかがえるように、身分がどういうものであるのかはさておき、身分というものがあるとされる社会で、人が他者やその集団とどのような関係を取り結び、いかに生きたのかを具体的に追求することに重心が置かれている。一九八〇年代から論じ尽くされた感もある身分研究について直接に論じるところから、集団や個人、地域の実態をみようとする研究に次第に移行してきたともいえよう。

しかし、従来のいずれの身分論によるにせよ、あるいは研究概念としての「身分」にとらわれずに考える場合でも、分析にあたって社会集団やその組織の分析が必ず組み込まれている点には、身分論の定着と浸透を感じた。かわた・非人集団の組織とその人びとが生きる和泉国和泉郡南王子村《いずみぐんみなみおうじむら》の地域構造に眼を向ける第五巻第4章「かわたと非人」（三田智子）や、同第6章「大坂・堀江《ほりえ》新地の茶屋と茶立女《ちゃたておんな》」（吉元加奈美）、また芸能者集団と個人の関係にも注目する同第7章「芸能者」（塩川隆文）、さらに多様な宗教者の存在形態とその布置をわかりやすく述べる、第六巻『宗教・思想・文化』の第3章「民間宗教者の活動と神社」（梅田千尋）などは、解明された事実そのものが新鮮で興味深く、身分論の定着という点からも読み応えがあった。

さらに、テーマ編第五巻『身分社会の生き方』だけでなく、それと密接に関連する第四巻『地域からみる近世社会』でも、身分は強く意識されている。村のなかの土地所有に根ざした身分的格差の解消を背景に、百姓を中心とする村の成立を論じた第3章「近世前期の開発と土豪《どごう》・百姓・隷属農民」（小酒井大悟）や、江戸における多様な身分の交わりを「さまざまな住民のネットワークの束」の集積ととらえる第5章「諸身分の交点としての江戸〈久保町《くぼちょう》〉」（岩淵令治）にみるように、身分論の定着により、今後も、その成果が地域や社会構造分析のなかでいかされていくのは間違いないであろう。

身分研究のゆくえ―研究概念と史料用語のはざまで

これまでの近世史研究では、公的に位置づけられた「身分」集団が重層的・複合的に存在する近世身分社会、あるいは「武威」と「仁政」をセットとした統治理念にもとづく近世社会といった形で、当該社会において使われていた語を用いて近世社会の特質を表現することがしばしば行われてきた。しかし、このような研究概念としての歴史用語は、必ずしも当時用いられた語義とは合致しない。「身分」の語については、本シリーズの編者である牧原成征氏が、最近、近世における語義とその変化を明らかにし、分業にもとづく集団とその社会的公認の意味で「身分」の語が使われたことはないことを明らかにしている（牧原成征「日本史における「身分」の語義」）。また、本シリーズでも、第一巻第6章「琉球に及んだ海禁」（木土博成）のなかで、鎖国や海禁の概念が、歴史的現実とは必ずしも合致しないことが指摘されている。

鎖国・海禁といった言葉を想起するまでもなく、研究概念は、研究者がそれに一定の定義を与えて使用するのであって、当該社会における語義や実態と必ずしも一致しないのは当然であろう。しかし、私は、語義や歴史的実態とそぐわない側面があるにせよ、そのような研究概念の使用は、研究を進展させていくうえでは不可欠だと考えている。もちろん、所有とか環境といった、抽象度が高く時空を超えて共有しうる研究概念の使用も可能であり、第四巻第7章「災害と都市社会」（渡辺浩一）にみるように、災害や自然といった普遍的な切り口から近世社会をとらえることが必要となる場合もあろう。しかし、鎖国・海禁・身分のように、当該社会において用いられた語（史料文言）に研究者が一定の定義を与えて用いる概念、すなわち対象の歴史的な固有性をいく分か残しつつ、完全な抽象化の一歩手前で〝寸止め〟にしたような研究概念は、歴史研究の現場においては、喚起力があり使いやすくまた有用ではないだろうか（横山百合子「日仏近世史における「身分」への着目とその可能性」）。

右に述べたように、身分も、語義や歴史的な実態と、身分研究における「身分」概念との間に、一定のズレや相違を含むものである。十分な実証をふまえたわけではないが、私自身も、おそらく一七世紀初頭の江戸に「身分」集団としての町が存在したのかどうかは、改めて検討を要する問題だと考えている。しかし、仮に近世初期において成熟した「身分」集団が普遍的に成立していなかったことが立証されたとしても、それによって直ちに、近世社会を分析する研究概念としての「身分」が不要な概念となるわけではない。「身分」概念は、近世における領主―農民などの間の支配関係と、社会的分業の展開とを、いかに整合的に理解するのかという問いとの格闘から生み出された研究概念であり、それを回避して、当時の語義や、研究者の定義と実態との若干のズレのみを理由に否定しうるものではないからである。その点で、本シリーズのように、社会の転換や移行を時間・空間軸を拡大してとらえようとする見地にたった場合、相当に長い時間・空間の幅のなかで徐々に研究概念に相当する「身分」集団が成立したり変化したりするものとみるのか、あるいは、「身分」は重要ではあるが近世社会の秩序を維持する当時の理念として理解するにとどめ、「身分」概念自体を止揚していくのか。今後の研究動向に注目したいと思う。

4 近世史とジェンダーの接点

本シリーズでは、「男性にかぎられているが」といった課題の範囲を限定する端々の叙述からも（それは、ジェンダーにはふれないということでもあるが）、以前に比べてジェンダーが意識されていることがわかる。前述の第二巻第7章「学問の場でつくられた対外認識」（吉村雅美）では、上層武士層の女性が参加できた学問の場とそうではない場があったという興味深い事実が提示される。また第六巻第5章「民衆の生活における思想・信仰」（上野大輔）が、民衆の身体観や通俗道徳の受容を、史料を残した男性だけでなく女性の受容にも言及しつつ考察する。かつて大口勇次郎氏が、長い女性史研究の経験にたって、二〇一五年に刊行された近世史の新書シリーズについて、今なお「女性のいない近世」なのかと厳しく批判し、私自身もごく最近、その問題性を指摘し批判したことがあるが（横山百合子「近世社会におけるジェンダー」）、本シリーズにおけるジェンダーに関連したさまざまな事実の発掘や視点の提示は、従来みられなかったことであり、今後の発展が期待される。ここでは、このような状況を鑑みながら、今後の研究の可能性がどこにあるのかを、本シリーズに即して考えてみたい。

幕府政治とジェンダー

幕藩政治の確立を扱った第一巻第3章「幕藩政治の確立」（三宅正浩）で明らかにされる近世前期の大名社会の構造は、ジェンダーの問題としても興味深く感じられた。この論考で三宅氏は、一七世紀半ば以降、江戸の武家社会では、属人的な主従関係が家と家の永続的関係に変化し、徳川家を母系とする養子・嫁入りによる縁戚関係の拡大をふまえた序列・格式にもとづく秩序化と安定的な相続が実現していったという。そうだとすれば、そのような幕藩領主層の結合において、大名家の奥や女性の役割は、具体的にはどのようなものだったのだろうか。また、前期に比べれば格段に史料も増えている一九世紀の一一代将軍家斉《いえなり》期と比較することで、双方の特徴が浮かびあがるといった可能性はないのだろうか。

第二巻第2章「将軍吉宗《よしむね》の改革政治」（小倉宗）によれば、吉宗政権は、紀州《きしゅう》系将軍と役人による徳川「第二王朝」ともいうべきものであり、強力な将軍統治が行われたとされる。しかし、そのような将軍専制が、九代将軍以降に維持できなければ、御三卿《ごさんきょう》（吉宗の子を祖とする一橋《ひとつばし》家・田安《たやす》家、家重《いえしげ》の子を祖とする清水《しみず》家）創設に加え、徳川家を母系とする養子・嫁入りによって積極的に将軍と大名の結合とその安定化を図るという政策がとられるのも、不思議はないように思える。前期政治史において、家康《いえやす》が多くの側室を抱え二〇人を超す娘や養女を大名に嫁がせ、婚姻や縁戚関係による幕藩領主層の結合強化を図ったことを強調するのであれば、後期における一一代将軍家斉の多数の子女の養子・嫁入りも、家斉個人の性癖や官位昇進問題の枠にとどめず、近世前期との比較の視点を含めた将軍―大名関係の問題としてとらえることもできよう。そのような観点から、幕藩政治史において大奥や奥を閑却せず、また過大評価でもなく、幕府政治のなかの不可欠な一環としてとらえることは可能なのではないのだろうか。

近年、政治力を発揮した家斉正室広大院《こうだいいん》や、藩の要望を幕府側に伝える「閑道取次《かんどうとりつぎ》」を行う大奥女中などの姿が、畑尚子氏らの成果により明らかになり、大奥と諸藩の奥との関係にも関心が向けられてきている（畑尚子『島津家の内願と大奥』）。第三巻第3章「「大御所《おおごしょ》時代」の幕藩関係」（山本英貴）、同第4章「天保・弘化期の幕政」（荒木裕行）は、それぞれ精緻な実証論文であるが、史料環境にも恵まれ、興味深い時期を扱う論文においてこそ、大奥や奥も家を基軸とする幕藩体制の重要な要素の一つとして位置づけ、今後、それらをも視野に入れ動態的に政治史が論じられることを期待したいと思う。また、大奥・奥研究の側からも、政治史に踏み込んだ議論が行われ、家に立脚しない形での近代の政治体制と幕藩政治との根本的な差異が明瞭になっていくことを期待したい。

一方、朝廷については、近年の研究の活発化を反映して、財政基盤の解明が進展してきており、本シリーズでも、同じく第三巻第2章「一九世紀前半の天皇・朝廷と幕府」（佐藤雄介）がある。また第一巻第4章「近世朝廷と統一政権」（村和明）では、男性公家と対比して禁裏の「奥」の女中の基礎的な実態が明らかにされており、これによって、第四代将軍家綱期には、長橋局《ながはしのつぼね》ほか女中の職に対する「役知」が定まり、江戸の大奥に比して女中の制度化が早かったことも明らかになった。この論考によれば、朝廷の女中への給付は、実際には知行地の形で宛がわれている場合でも、役に対する俸給である「役知」と表記されており、その点で直接に知行として土地を宛がわれることもある男性公家とで、ジェンダー差があるのは確かである。しかし、江戸城大奥女中への給付が、軽輩の武士の俸禄《ほうろく》と同様に切米《きりまい》（春・夏・冬の三期に分けて支給された俸禄米）・合力金・拝領町屋敷など、知行地とは関係のない手当にとどまっていたことと比べれば、その位置づけは重いとも考えられる。これらの点についても、近世前期と中後期の差などとあわせてさらに検討が進むことを期待したい。

社会集団とジェンダー

社会集団や身分とジェンダーについては、第五巻第2章「百姓と商人の間」（多和田雅保）に少なからぬ衝撃を覚えた。この論考は、北信《ほくしん》地方（長野県北部）の香具師《やし》集団の実態研究であり、女性史の論考というわけではない。しかし、農間の余業として日用品などの物資を周辺の村々に売り歩く、親分―身内を軸とした香具師の集団構造、販売実態、商品の種類などが詳細に明らかにされる過程で、史料上ではほとんどみえなかった女性の香具師の実態が、はじめて浮かびあがってくる。それは、香具師に限らず、働いていないはずはないのに近世史料にはなぜ女性が登場しないのかという難問に対して、商業を題材としてそのからくりを解き明かす仕事でもある。香具師の実態研究自体、それほど蓄積があるわけではなく、多和田論考は香具師研究として重要であろう。しかし同時に、ここまで掘り下げなければ近世の女性の実態はみえてこないのかという感慨を覚えるほど、女性史・ジェンダー史における社会構造分析の重要性を示す見事な論考でもある。とはいえ、その意義が著者に十分に意識され論じられているわけではない。この点が明確に表現されていれば、この論考はさらに示唆的な論文ともなろう。

現代の日本では、今なお、女性の医師が少ないのは男性医師に比して身体的に体力の優劣があるからだ（看護師の多くは女性なのに？）、と説明する人がある。同様に、日本史論文においても、史料に女性が登場しなければ女性はその職業や行為には携わらなかったと考え、その理由を体力差のような身体的な性差に求め合理化するという思考回路をみることは珍しくない。些細な揚げ足取りのように聞こえるかもしれないが、第六巻第7章「近世の寺社参詣とその社会的影響」（原淳一郎）のなかで、若い女性は月経があるために長旅が難しいとされていることなども、その一例であろう。女性の旅日記は数多く発掘されており（柴桂子『近世の女旅日記事典』）、若い女性が旅をしないのであれば、その背景は掘り下げて考察する必要がある。現代社会においても、歴史研究の現場においても、バイアスのかかったジェンダーに起因する思考を乗り越えていくことは重要な課題なのである。

近世社会における性

また、女性史・ジェンダー史の分野では、二〇一〇年代以降、都市史研究や身分研究の成果をふまえて性の売買に関する研究が進展してきた。本シリーズ第五巻第6章「大坂・堀江新地の茶屋と茶立女」（吉元加奈美）も、その一つである。大坂の都市社会の構造をふまえて茶立女（大坂の茶屋で給仕をするとともに遊女を兼ねた）をめぐる史料を駆使してその内面に迫り、茶立女の自殺や逃亡などの抵抗、あるいは折檻《せっかん》による死などを表面化させない巧みな手法がいかに深く定着しているのかを明らかにした点は、近世の性売買の実態解明を進めた重要な成果だといえよう。

このような成果をふまえて今後の近世の性売買研究の課題を考えるならば、一つは吉元論考で紹介されている堀江新地から伏見中書島《ふしみちゅうしょじま》への遊女の転売、あるいは江戸と越後間の性売女性の移動や人身売買にみられるような、複数の地域を結ぶ性売買の広域的構造を明らかにすることがあげられよう。もう一つは、近世都市は、この論考で解明されたような過酷な遊女支配をなぜ不可欠な要素としたのだろうかという、より根源的な問いである。すぐに答えの出る問題ではないが、性をめぐる都市の実態を明らかにすることは、近世都市の性格を掘り下げるうえで必須のテーマなのではないか。

5 市場経済と近世史研究

近代経済学の発想から近世の経済政策を見直してみる

現代社会との関係という点では、ジェンダーとならび市場経済への関心にもとづく研究が登場することも、本シリーズの特徴である。近世の米価政策・貨幣改鋳など、個別的な経済政策の研究は従来も数多く行われてきたが、それらを近代経済学の発想から見直してみようとする課題意識は、本シリーズの新しい特徴であろう。それは通史編の第二巻第5章「貨幣改鋳と経済政策の展開」(高槻泰郎)のほか、第四巻第2章「古村と新田村の労働調達競争」(萬代悠)や第五巻第5章「高利貸しか融通か」(東野将伸)などからもうかがえる。

高槻論考で紹介される江戸—大坂の金銀相場の様相は、円—ドル為替相場の変動で公共博物館の電気代が賄えなくなり、企画展示数が大幅に削減されるほど影響をうける現代社会とオーバーラップしてみえ、まさに現代社会のリアルな認識にもとづく課題意識をうかがわせる。とはいえ、そのような課題意識も、近代とは異なる近世社会の性格の掘り下げとあわせて行われることで、近世史研究としての意義を持つのではないだろうか。

例えば、東野論考が発掘した下掛屋《したかけや》(国元で公金出納を扱う商人)などは大変興味深い事例であるが、「近世の領主制や身分制が経済・金融活動を規定する側面があり、場合によっては民間側に対して負担を強いる場面もあった」(一三八頁)といった記述における領主制の理解は、所領の分散や江戸・大坂に複数の拠点を持つといった形式的特徴であり、百姓や町人との権力関係—支配の側面は注視されていない。むしろ、近世社会は、一定の「税」を納める商人や百姓(民間側)と、領主側とが、種々の条件や制約はあるが、それぞれの経済合理性と利益を追求する社会として位置づけられているようにみえる。それは私の誤読なのだろうか。

近世社会に固有の論理と市場経済の相克

一方、萬代論考では、百姓が経済利益を勘案して労働を選好したとしても、最終的には領主権力との特権的結合が鴻池《こうのいけ》の優位を保証し、領主を支えていた近世の社会的実態が紹介される。あるいはまた、第四巻第４章「「勧農」と「取締」の幕末社会」（岩城卓二）に描かれる銅山師堀家《ほりけ》のような地域有力者は、損失がでても「職分」に励み働くことを原理原則として生きている。第三巻第６章「民衆運動からみる幕末社会」（野尻泰弘）で描かれる幕末民衆も、現状維持と既得権固守を原理としながらも、柔軟な闘いを可能にする力量を蓄えた存在である。近世社会の性格をどうみるかは論者によって異なるが、領主や豪商、下掛屋・銅山師・豪農などの地域有力者、あるいは一般の百姓や小作人のいずれであっても、私的利益追求行為を遡及《そきゅう》的に明らかにし、市場経済の視点から位置づけるだけでは、その実態はみえてこないであろう。むしろ、市場社会の発生・発達と、近世社会に固有の論理の相克がいかなるものであったのかを解明しうるところに、経済学的視点の導入の意義があるのではないかと思う。一八世紀末以降の動向を扱う第三巻第１章「寛政改革から「大御所時代」へ」（清水光明）において、一枚岩ではない統制する側と、統制される側の認識・動向を突き合わせて考察すべきと述べているのは、その点からも示唆的だと感じた。

おわりに

最後に、本シリーズを読んで全体として感じたことを述べておきたい。一つは、本シリーズに収録された諸論文は、いずれも、史料の発掘・整理・保存やその利用を前進させるデータベース構築など、時間と労力のかかる基礎的作業への真摯な取り組みの成果であるという点である。諸論文の随所でそれを感じ、「やはり近世史研究はこうでなくっちゃ」と共感しつつ、それが本シリーズへの信頼を高めるのだろうと感じた。

二つ目に、一つひとつの語に着目し、丁寧に史料を読み解くことは、これまでも強調され実践されてきたことであるが、近年さらにそれが意識的に取り組まれるようになっていることも痛感した。一つの語の分析から、その背後にある社会を鮮やかに解き明かしていくような仕事からは、歴史学の醍醐味を味わうことができる。ただし、本稿三節「身分論の定着」で述べたように、そこには、史料用語の分析にとどまらず、背後にある社会をいかに把握しその特質を言語化するのかという困難な課題が表裏のものとして存在する。本シリーズはそのような模索の努力の過程を示しているのかもしれない。

最後に、なんといってもこれまで対外関係史として括られてきた研究とその視座を改めて見直し、近世社会の内・外全体の構造をみていこうとする姿勢は、もっとも強く印象に残った。かつて、身分研究が、部落史や都市史、芸能史などを個別分野史の枠から解き放ち、近世史全体のなかで包括的に論じうるものとしてきたように、グローバル化の波や国際社会を変革しつつあるジェンダー概念を跳躍台として、今後の近世史研究はどう発展していくのだろうか。本シリーズの大きな成果をふまえ、さらなる展開を期待したい。

〔参考文献〕

安良城盛昭『太閤検地と石高制』日本放送出版協会、一九六九年
大口勇次郎「ジェンダーの視点からみた近年の近世史の動向―岩波新書『日本近世史』に接して―」『総合女性史研究』三三、二〇一六年
岸本美緒「構造と展開」『岩波講座世界歴史13 東アジア・東南アジア伝統社会の形成』岩波書店、一九九八年
久留島浩「「異文化」を展示すること・「自文化」を展示すること」久留島浩・小島道裕編『国立歴史民俗博物館研究報告 歴史展示における「異文化」表象の基礎的研究』一四〇、二〇〇八年、ほか同特集号掲載諸論文

柴　桂子『近世の女旅日記事典』東京堂出版、二〇〇五年
大学共同利用機関法人人間文化研究機構国立歴史民俗博物館『第3展示室（近世）ができるまで―国立歴史民俗博物館総合展示リニューアルの記録―』二〇〇九年
高澤紀恵、ギヨーム・カレ編『「身分」を交差させる―日本とフランスの近世―』東京大学出版会、二〇二三年
畑　尚子『島津家の内願と大奥―「風のしるへ」翻刻―』同成社、二〇一八年
牧原成征「日本史における「身分」の語義」高澤紀恵、ギヨーム・カレ編『「身分」を交差させる―日本とフランスの近世―』東京大学出版会、二〇二三年
横山百合子「日仏近世史における「身分」への着目とその可能性」『歴史学研究』一〇五一、二〇二四年
横山百合子「近世社会におけるジェンダー」牧原成征編『日本史の現在4　近世』山川出版社、二〇二四年
横山伊徳『開国前夜の世界』吉川弘文館、二〇一三年

書評4

現代認識と近世史研究
――社会史・民衆史を意識して――

菊池勇夫

はじめに

本シリーズのねらいは、「刊行にあたって」によれば、豊富かつ多様な研究の成果と到達した見地を集成・総合化し、近世という時代を見通すことにある。「見通す」には近世史を全体的に見渡すというだけでなく、今後の研究に見通しをつけたいとする気持ちも込められているであろうか。課題として、①多様な研究成果を見渡すことの難しさ、②個別分散化した研究を克服することの難しさ、③研究分野間の相互理解の不十分さ、④近世初期から幕末期まで貫く通史の観点が現れていない、⑤近世日本を世界史と関連させてとらえるアプローチが不十分である、の五点をあげている。③では、政治史研究と社会史研究のギャップが最たるものとする。

全七巻はこうした課題を打開しようと編集された。第一巻『列島の平和と統合』、第二巻『伝統と改革の時代』、第三巻『体制危機の到来』が通史編であるが、課題④を⑤のなかでとらえ直すというのが「見通す」ことの中軸をなす。そのことは、第一巻プロローグ「現代からみる近世の幕開け」・第1章「世界のなかの近世日本」（牧原成征）において、グローバル化の急進展のもとで、「近世」の日本史像を特殊な歴史社会とみるのではなく、アジア史・世界史との関係の見定めと「日本」という枠組みの問い直しが常に必要、と述べていることに端的に示されている。また、通史の最終章の第三巻第7章「幕末の日本、一九世紀の世界」（小野将）は、幕末の日本を環太平洋という広がりのなかに最大限位置づけて、内側にこもりがちな日本史像を解き放とうとしている。三巻全体にわたって、アジア・世界を視野に入れ、日朝関係やキリシタン禁教、長崎貿易、琉球、蝦夷地《えぞち》（アイヌ）を扱った各章を設けることで本シリーズの特色を出している。

本シリーズは、もう一つ、課題①の近年・最近の研究達成の見渡しと関わるが、大きな括りのテーマ別の編成をとっている。第四巻『地域からみる近世社会』を地域社会論（都市と農村、社会と支配権力）、第五巻『身分社会の生き方』を身分論（人びとの生活過程）、第六巻『宗教・思想・文化』を宗教史・思想史研究（文化史全般の総合的な見地）にあてている。地域社会論と身分論の二つは、村落や藩という自律的な単位や、序列・階層あるいは周縁・差別に眼差しを注いできた近世史研究のいわば核心である。第六巻が「論」ではないところが、その多彩性・包括性を示すか。反映しきれなかった研究視角・動向として、ジェンダー・環境・災害・医療の歴史を具体的にあげている。ただし一巻を構成しなくても、災害についても専論があり、また、それらにふれている章も少なくない。

評者（私）は、列島北部（北海道・東北地方）の近世史（江戸時代史）を主たる研究対象としてきたが、近世史そのものというよりは、民族・民俗や、環境・生態、気候変動など、歴史学の外側の研究プロジェクトに加わることが多かった。そのため近世史の研究動向に暗いが、各巻の編者・執筆者は現代社会をどのようにとらえて近世史研究の課題を設定し、取り組もうとしているのか、そのようなことを確認していくのであればできるかと思い、本稿の執筆を引き受けた。各章ごとにコメントを加えていくという形ではなく、③にギャップが指摘されていた社会史、あるいは民衆史ということを意識して、シリーズ全体に貫いているようなところを取り上げてみたい。

1 時代の変化のなかで

生きづらさと閉塞感

第一巻プロローグ「現代からみる近世の幕開け」（牧原成征）は、冷戦終結後の変化として、情報通信技術の革新とグローバル化の急激な進展、新自由主義のもとでの格差の拡大、国民国家内部の分断、急激な少子化と人口減少、イエやムラだけでなく、結婚・家族さえも自明のものでなくなりつつある状況とともに、環境問題やジェンダー、LGBTQ、コンプライアンス、ハラスメントなどが広く認識されるようになったとし、①「弱者や多様な生き方が尊重される機運も芽生えているが、逆に新しい生きづらさと閉塞感が広がっているようにもみえる」と述べている。また、②「一九五九年の伊勢湾《いせわん》台風から一九九五年の阪神淡路《はんしんあわじ》大震災までの間の日本列島は、災害の少ない例外的な時代だったともいわれるようだ」と述べている。明らかに時代が変わったのだ。そのことが強く意識されている。

現代歴史学の現状・課題認識、それはグローバリゼーションへの省察という形で表明されている。現代社会は、①の箇所にあたるが、社会進歩の兆候がみえつつも、この一〇～二〇年、時代の閉塞と生きづらさを感ずるような社会になったと、評者も思う。公共部門の民営化や、規制の緩和で企業活動が自由になる一方、働く者の賃金が抑制されて格差が拡大、貧困は自己責任といわれる。政治をはじめとして、リーダーに権限を集中させるトップダウン的な統治・経営手法が大学を含めて広まった。同調圧力やヘイトクライム（憎悪犯罪）も顕在化した。世界を見渡せば、独裁的な権威的国家やポピュリズム（大衆迎合主義）が台頭している。武力による紛争・戦争を乗り越えられない。むしろ逆行さえしている。近世史研究者もこうした日本・世界のなかで生きている。

「いきづらさ（いきづらい）」、最近ではよく耳や目にする言葉だが、国語辞典にはまだ拾われていないようだ。一人ひとり状況によって差異はあろうが、現代社会が全体として共通的に抱えている閉塞・重圧感、悩み・苦しみを今風に言い表している。現代の生きづらさをそのまま過去に投影できるわけではないが、そのことのうけとめが近世社会に生きる人びとが抱えていた困難や窮状に思いを至すことにつながる。本シリーズでは第五巻が該当するが、近世史研究は、かつて「封建的」「前近代的」とされた身分差別社会を対象に、その克服を自覚して、身分序列構造が生み出す差別意識や身上《みあが》り願望、あるいは基本身分から疎外されている周縁的な人々の実態を明らかにしてきた（『近世の身分的周縁』全六巻、『身分的周縁と近世社会』全九巻、『〈江戸〉の人と身分』全六巻）。そうではあるにしても、これまでの関心の向けようだけではない現代的感覚で近世の人びとのさまざまな生きづらさに耳を傾け、そのことが研究の可能性を開いていくのではなかろうか。

近世人の生きづらさ

近世の人びとは、その当時の生きづらさをどのように表現していただろうか。本シリーズの限りでみると、史料のなかに、第二巻第6章「「改革」文化の形成」（小関悠一郎）の、水戸藩《みとはん》の宝永改革は「御上の御不益、下の難儀」、陸奥国塙《はなわ》代官寺西封元《だいかんてらにしたかもと》の施政は賄賂の多少によって賞罰があり「小前《こまえ》難渋」、また倹約が行き届かず「困窮」、第四巻第3章「近世前期の開発と土豪《どごう》・百姓・隷属農民」（小酒井大悟）の、江戸近郊村落の寛文・延宝の村方騒動は、過大な年貢や役の賦課による「困窮」または「難儀」、同第4章「「勧農」と「取締」の幕末社会」（岩城卓二）の、石見国の銅山師の家政において門屋《かどや》など出入りの者の「難儀」は見捨てない定め、同第6章「在方町《ざいかたまち》の社会構造と行財政システム」（酒井一輔）の、下総国香取郡《かとりぐん》の在方町（農村部にある宿場町・市町）における祭礼豪奢《ごうしゃ》化が「困窮人」の「迷惑」、第五巻コラムⅡ「行き倒れ遍路《へんろ》からみた近世」（町田哲）の、四国遍路の天保飢饉下の「難渋」、同第6章「大坂・堀江《ほりえ》新地の茶屋と茶立女《ちゃたておんな》」（吉元加奈美）の、大坂堀江新地の茶立女の「奉公難渋」、などのように「難儀」「難渋」「困窮」「迷惑」といった文言を拾い出すことができる。近世社会で日常、頻繁に使われていた言葉であった。訴願などでは窮状を訴える常套《じょうとう》文句のような側面があるにしても、その言葉に込められた人びとの実情をできるだけ具体的に把握する、あるいは想像してみるだけでも近世人の生きづらさの理解につながっていくのではなかろうか。右のなかでは、第五巻第6章が「遊女奉公に従事せざるをえなかった女性たちは何を思い、どう過ごしていたのか」とストレートに問題を立てている。それは身分社会に生きた人びと、誰にでもあてはまる基本の問いである。

二〇一九年末以降、世界的大流行（パンデミック）した新型コロナへの対策で、同調圧力が行政の要請に従わない人に対する「自粛警察」のような形で現れたことは記憶に新しい。この点については、第五巻プロローグ「身分社会を生き抜く」（多和田雅保）が、日本全国で多くの芸能活動が「自粛」を強いられたが、近世社会に関わらせて、「こうした考え方の系譜をたどるうえでも、近世という時代は注目される」と述べている。あらゆる集団は公儀の執行機関であって、集団のなかの個人は私的部分を含めて、「公の役に立つ限りにおいて」評価される（高木昭作『日本近世国家史の研究』）という価値観から、現代人が完全に自由になったとはいえないのでないか、というのである。第一巻第3章「幕藩政治の確立」（三宅正浩）は、幕藩政治が確立していく徳川家光《とくがわいえみつ》の政権期において、「上から表明され半ば強制された「御為」「忠孝」「礼法」「義理」などの武家の規範は、「代々」の関係を経るなかで、「外聞《がいぶん》」を意識した同調的動向により促進されつつ、上下が共有するものとして定着していった」とまとめている。そうした規範がいったん共有・定着してしまえば、権威構造・規範意識に潜む軋轢《あつれき》や生きづらさは、押しつぶされて感じなくなるものなのか。刃傷沙汰《にんじょうざた》などをみると、あるいはそうでもなく、ときに悶着《もんちゃく》を引きおこしてきたかのようである。

儒学の政治・道徳思想や記紀神話による皇国観念は近世の国家秩序を支える教説であったが、近世から近代へ、そして現代社会にまで持ち越してきた。第三巻第1章「寛政改革から「大御所《おおごしょ》時代」へ」（清水光明）は朱子学《しゅしがく》者柴野栗山《しばのりつざん》が「宸《しん》翰御製詩記《かんぎょせいしき》」に記した「攘夷尊王《じょういそんのう》」（松平定信の言葉）が、後期水戸《みと》学《がく》や吉田松陰《よしだしょういん》にどのようにうけとめられていったのか、尊王攘夷の源流について述べていた。第二巻第6章（前掲、小関悠一郎）は、近世では政治で「改革」という言葉がどれほど使われていたかわかっておらず、「古例」に訴え、「復古」を掲げるのが自然であったとし、現代日本では、政治改革において「復古」が掲げられることはほとんどないと述べている。そのことと直接結びつかないのかもしれないが、国民主権の民主社会である今日でも、天皇（制）を中心とした民族意識や国家観、教育勅語《きょういくちょくご》的な道徳観を持ち、その復活を望む人びとが存在する。「復古」思想は政治の世界では生きており、その意味で近世はまだ過去になりきっていない。同調圧力とそれへの迎合は、やはりそうした歴史的な権威的構造に由来しているに違いない。

災害史研究のエポック

本節冒頭で第一巻プロローグ（前掲、牧原成征）について、②とした箇所は全般的にいえばそうで、一九九五年の阪神淡路大震災が災害史研究のエポックとなったのは間違いない（北原糸子ほか編『日本歴史災害事典』）。二〇一一年の東日本大震災がそれに拍車をかけ（ほかにも各地で被害地震発生）、そして地球温暖化の影響による気象災害の頻発をうけ、災害史研究がにわかに現代歴史学の主要な課題の一つとなった。さらに感染症のパンデミックや戦争、山火事などが起こり、生命・人道の危機、環境破壊をいっそう深刻化させ、グローバルな問題となっている。

ただし、地域・個人のレベルでみると、被災の体験や記憶は大きく異なってくる。評者の場合、一九六八年の十勝沖《とかちおき》地震を経験して以後、一九九三年の平成大凶作の間までは、「災害」をそれほど意識することなく過ごした。災害が続く時期と、比較的そうではない時期とがあり、歴史的にはそれを繰り返してきたといえる。飢饉研究を始めたのは「平成大凶作」より前の「バブルの時代」「飽食の時代」（一九八五〜九一年）であったが、この大凶作がその後も飢饉研究に向かわせていく動機となった。

2 「災害の時代」にあって

連続複合災害と大都市災害

災害をテーマとした論考は第四巻第7章「災害と都市社会」（渡辺浩一）である。渡辺は、相続く諸種の災害をあげて、私たちは「連続複合災害の時代」を生きているとし、災害が社会に与える影響を考えるには、「単種・単独」の災害だけを分析してもあまり意味がなく、「連続複合災害」として認識すべきとする。近世社会は、都市も農村も人間によって「人為的自然」に改造されており、「自然と人工を対立させる世界観を乗り越えていく」ために、自然と対極的にみえる都市を「戦略」的に分析対象とすると表明し、天明連続複合災害期・天保飢饉期に並ぶ都市社会の危機として、大火、大地震、高潮・暴風（台風）、コレラ、また大火と続いた江戸の安政期（一八五四～六〇）を取り上げる。従来の研究では、安政大地震後に復興景気があったとされるが、その復興は一時的な「にわか復興景気」とみるべきで、連続複合災害によって長い不況に陥っていたとし、「災害からは復興するもの」という「復興パラダイム」の潜在的な固定観念の相対化が未来にとって必要であると指摘する。豪商のすばやい営業再開・再建の一方、長屋《ながや》住まいから「転落」してしまう「底辺の人びと」が存在した。豪商による施行《せぎょう》はあったとしても、連続災害のダメージで人びとが生活を援助しあうネットワークが機能しえなかったからである。都市社会が全体として復興しないまま、開港後の大変動の時代に入っていくと締めくくる。

この連続複合災害というとらえ方は、「災害の時代」を包括的に認識するために打ち出された視角である。個別に関心が向けられてきた江戸地震、コレラ大流行などを、全体として視野におさめ、安政期の社会史研究として示したということになる。また、復興パラダイムからの脱却も、危機を乗り切り復興を成し遂げたという観点だけでは、生活弱者の境遇が視野外に置かれてみえなくなり、災害のたびに同じ轍《てつ》を繰り返してきた歴史を思うからであろう。よく指摘されるように、復興は復旧ではない。経済活力のある人／ない人の明暗を分かち、新旧交代の社会変動をも引き起こすものなのである。

江戸の災害を直接扱っているのは、第一巻コラムⅡ「明暦の大火」（岩本馨）である。明暦三年（一六五七）に江戸の大半を焼いた大火災は「むさしあぶみ」に一〇万二一〇〇余人の死者とあるのは過大で、幕府の調査かと推定される焼死者三万七〇〇〇人余が妥当かとし、江戸の「都市改造」はこの大火で始まったというより、大火前の延長線上にあると指摘する。また、第四巻コラムⅡ「インフラ」（髙橋元貴）は、渡辺浩一のいう人間による自然改造に関わるが、江戸の町を縫うように走る大小の堀川は人為的につくられたインフラで、潮の満ち引きにより川床へ土砂が堆積し、舟運機能の維持のため浚渫《しゅんせつ》が不可欠であったことを明らかにし、幕府がすべてを管理したのではなく、多くは地域の人びとに委ねられていたとする。自然改造によるインフラの管理は、農村においても用水堰や溜池の修復に水害のたびごとに労力を必要としていたが、大都市はこうした農村以上に大きな人造的災害リスクを抱えていたことになる。いうまでもなく、明暦の大火や目黒行人坂《めぐろぎょうにんざか》の火事（明和九年〈一七七二〉）のように、大火災で甚大な死者を出していたのは江戸であった。江戸の火災は建築材の供給や大名屋敷の再建など地方・国元への影響が大きい。渡辺が述べる「戦略」的な江戸研究の意義はさまざまありそうだ。このように江戸の災害の重大性はあるが、同時にそれぞれの地域災害史という観点・課題設定もまた、いま求められていることをつけ加えておきたい。

気候変動と気象災害

第二巻コラムⅠ「一七〜一八世紀の気候変動と仙台藩《せんだいはん》」（佐藤大介）は、仙台藩を例に、気候変動と気象災害の関連について述べる。一七世紀の温暖な時期、野谷地《のやち》（荒地や低湿地）の開発が進み、この開発をめぐる境界争いが伊達騒動《だてそうどう》であったとする。また、一八世紀は水田開発が低湿地や氾濫原にまで及び、飼料・肥料採取のため山林が荒廃し、その結果、土砂流入による水田リスク社会（武井弘一『江戸日本の転換点』）を迎えていたと現在の研究状況を押さえる。水田リスクは、一方で地域では領主らと交渉して資金調達ができ、地域の持続と自治のために働く村（地域）のリーダーを生み出していくとし、また、米の取引の利益から、あえて凶作のリスクを軽視し、受け入れてしまう人びとがおり、その動きもまた「歴史」とする。現代社会の価値観で「教訓」となる史実やデータを抽出するだけではいけないともいう。佐藤のいう地域リーダーとは、本シリーズでは第四巻第4章（前掲、岩城卓二）が取り上げた、石見国鉱山地帯における地域の窮民救済を家の務めと認識した、堀家《ほりけ》のような銅山師かつ取締（庄屋《しょうや》の上に立ち勧農を任とする）が該当するであろうか。岩城自身はその語を用いていない。地域リーダーとは、改めてどのような歴史的概念・範疇なのか、問うてみたい。

気象災害、凶作・飢饉の理解において、近年にわかに意識されるようになったのが気候変動である。気候変動の歴史は古気候学が担ってきたが、総合地球環境学研究所の研究プロジェクト「高分解能古気候学と歴史・考古学の連携による気候変動に強い社会システムの探究」（二〇一四～一八年、代表中塚武）が、理系と文系の共同研究として取り組まれ、その成果が中塚武監修『気候変動から読みなおす日本史』全六巻（臨川書店、二〇二〇～二一年）として刊行されたことが一つの画期となろう。それが、歴史研究・叙述に生かされるようになってきた。

本シリーズでも、第一巻第5章「島原《しまばら》の乱と禁教政策の転換」（木村直樹）は、一七世紀前半は世界的に小氷河期ともいえる天候不順な時期とし、日本では一七世紀最大の寛永飢饉を生じさせ、寛永十九（一六四二）・二十年にピークとなるが、不作続きのなか島原の乱（寛永十四・十五年）がおこり、乱後にさらに飢饉状況が深刻化し、流民に混じって移動したキリシタンたちに目を向ける。第二巻プロローグ「泰平のなかの変化と対応」（村和明）は、将軍徳川綱吉《とくがわつなよし》の時代、一七〇〇年頃がもっとも寒冷・湿潤な気候、その前後の時期とは気象パターンが異なり、また、南海《なんかい》トラフの大地震（宝永地震）や富士山噴火（宝永噴火）が発生し、災害によって特徴づけられる時代とする。渡辺のいう「連続複合災害」の時代の一つになろうか。ほかにも関東では元禄地震（房総《ぼうそう》・相模）がおこっていた。東北地方でいえば、元禄・宝永の二度の能代《のしろ》地震、断続的な元禄の飢饉があり、獣害（狼害）にも悩まされた時期で、中山間《ちゅうさんかん》地域（被害を受けやすい山間地とその周辺地域）では「小農《しょうのう》」の自立が遅れた。「元禄文化」の隆盛や、生類憐《しょうるいあわれ》みの政治に目を奪われがちであるが、災害の時代という指摘は元禄政治というものを改めてとらえ直す契機となるであろうか。

第三巻コラムI「幕藩体制下の「異国」」（福元啓介）は、一八世紀末から一九世紀初頭は古気候学でいう小氷期《しょうひょうき》への変わり目で、全国的な気候不順・災害となったとし、薩摩藩領内では農村の深刻な荒廃が進み、琉球では台風や津波・飢饉・疫病が流行し、気候変動と災害は藩政当局・王府に財政難をもたらし、重圧となったと指摘する。一八世紀末から一九世紀初頭は、東北でいえば天明の飢饉からの復興期で、比較的温暖・安定した好況期であった。本州と九州・琉球とでは、気候変動の現れ方が異なることを示している。気候変動や気象災害の実際の現れ方は、南北に長い列島社会では地方・地域によってだいぶ違いがあり、現在の知見を一般化・定式化してそのままあてはめるのではなく、地域史料によってその地域の気候復元をしていく努力を惜《お》しんではならない。いずれにしても、災害・災害リスクや環境破壊・持続可能を組み込んで近世史を再構成していく研究段階にきており、すでにそうした試みが始まっている。気候温暖化から沸騰化の時代に突入したことで洪水や日照りの危険が高まり、例えば、これまでのように寒冷対策を念頭においてみるだけでは通用しなくなった。災害への関心の向け方自体を変えざるをえないのである。

3　農村と都市——地域の再生のために

村落史研究をめぐる状況

村落史（農村史）がとくにそうであるが、近世史の研究が現代社会においてどのような意味を持つのか、危機感を表明しているのが、第四巻プロローグ「地域からみる現代社会」（志村洋・岩淵令治）である。なぜ村落史を研究しているのか学生に問われて、現代社会とは直接関係のない「狭いアカデミー内の一分野」として意識されているのではないかという。終戦間もない頃には、近世史研究は現実社会の諸課題を考察する方法として社会に期待され、村の研究がその主要な一つであったと、現在との違いが指摘される。

振り返ってみると、村落・農村研究には戦後のある時期までは、問われるまでもない自明さがあった。農地改革（小作農民の自作農化）によって地主制が解体されると、その近代化によって村の「封建制」が現実的課題でなくなった。そして、評者もそのなかにいたが、急激な工業化・経済発展に伴い、地方・農村から大都市へ人口が流出していく。農村では減反政策や農産物の自由化を強いられ、農村人口・新規農業従事者の減少が進んだ。こうして編者は、「「限界集落」や「地方の消滅」までもがささやかれる現在、近世の村や地域を問題にする意味はどこにある」と、自問せざるをえない状況を迎えたのである。そこで、アクチュアリティ（現実性・今日性）のある近世の村落研究や地域社会研究としていくために、一九九〇年代の地域運営論と地域社会構造論との討論をいかしながらも、時々の現代的課題に即して、方法の見直しが必要と述べている。ただ、ここに述べられたようなアクチュアリティが、第四巻の各論考がそれぞれの地域社会論としては固有の問題を扱い丁寧に論じているとしても、「限界集落」「地方の消滅」と語られる現状ないし近未来を、どのように受け止めての近世村落史研究なのか、明示的というわけではない。

近世の荒廃と現代の限界・消滅

近世社会では災害・飢饉によって集落が大きく戸口を減らし、消える小集落もあった。また、藩を越えての労働力移動（離村・出稼ぎ）が盛んになっていく。人口が停滞した東日本では「荒廃」農村の姿があり、近世関東史研究の主要なテーマとなってきた。幕府や藩は還住・移民政策などによって荒廃田を再開発し、生産力や人口を回復させようとした。現象的には、近世中後期の「荒廃」と現代の「限界」「消滅」とは似たところがあり、同じく農村の再生・復興に苦労していた。荒廃とは何か、復興とは何か、このようなことを改めて論じ直すこともアクチュアリティと関わりそうである。

本シリーズでも、第四巻第1章「城廻《しろまわ》り村と家中名請地《かちゅうなうけち》」（志村洋）は、信濃国松本藩《まつもとはん》を例に、近世中期には耕作放棄地となっていた城廻りの家中名請地を、近世後期、藩は「上《あが》り地《ち》」と呼んで召し上げ、用水路整備を行い、新規に請作人《うけさくにん》に割り当てて復興させ、とくに飢饉の打撃をうけた天保期（一八三〇～四四）には大きな成果をあげていたことを明らかにする。また、寛政改革を扱った第三巻第1章（前掲、清水光明）は、幕府が幕領村々を対象に、隠遊女対策と農村対策を結びつけて、隠遊女を抱え置く者を摘発し、その女性を荒廃田畑の再開発場所や女性が少ない所へ連れて行って、代官の判断で嫁がせることにした点に言及している。近世中後期の荒廃ではないが、第一巻第5章（前掲、木村直樹）は、島原の乱鎮圧後の島原半島南部ではキリシタンが壊滅し多くの村が無人となったが、村の再建のために幕府が西国諸藩に命じて、領知高に応じて百姓を強制移住させ、また入部した高力氏《こうりきし》が近隣藩領から「走り者《はしりもの》」（出奔者《しゅっぽんしゃ》）を受け入れたことを述べている。戦争後の復興といった問題もあった。

しかし、現代との違いは大きい。近世の農村復興は、幕府や藩の権力が主導し、近世村の村役人や百姓の家（イエ）がその復興の担い手になったが、現代社会ではそうした編者のいう「伝統的地域社会」が衰退してしまった。近世には六万を超えた行政村（近世村）が、近代以降合併を繰り返し、とどめを刺すかのように、一九九九年以来の平成の大合併により、現在では特別区・市町村数一七四一にまで減った。広域合併が地域の「自治力」を弱め、エリア内でも地域格差を広げ、過疎や耕作放棄をさらに促進させる一因となったのではないか。

近世の村の再評価

このように地方農村の衰えが進むなかではあるが、近世の村が再評価されるようになった。第五巻プロローグ（前掲、多和田雅保）は、集団としての近世身分論の展開によって、教科書での「百姓」の描き方が変わってきたという。海村・山村での営みを自然環境（山野河海《さんやかかい》）と密接に関わらせて具体的に描き出す生業村落論などによって、村が百姓の生活を支える共同体としての意味を持ち、百姓はその村の自治に参加し、共同で用水や山野を管理し、道の整備などを担っていたことが重視されるようになったからである。多和田は「人間中心の歴史学」に反省を迫るものであると、積極的に評価している。江戸の燃料（真木《まき》〈薪〉・炭）需要と結びついた房総の山稼ぎを取り上げた第五巻第3章「房総の山稼ぎと江戸」（後藤雅知）はそうした村落生業論として用意されたものだろう。第四巻コラムⅠ「漁村」（東幸代）は、漁業は自然環境に規定され、また流通などの社会環境の影響もうけ、各漁村には個性的な地域性があるとし、「水田中心史観」に違和感を抱いてきた漁村や山村の研究者が近世村落像の見直しを主張してきたと述べるが、日本史を覆い尽くしていた水田中心史観の克服も、そうした研究の潮流にあったことになる。

近世の村の自律的・共同的なあり方や、農山漁村で暮らすことの生活スタイルが見直されるといっても、身分階層性や女性差別、閉鎖的な体質など、まるごと肯定してよいということにはならない。対立や矛盾を内包し、ときに騒動・出入として顕在化した。本シリーズで多少そのことに関わりそうなのは、第四巻第3章（前掲、小酒井大悟）である。近世前期の関東農村における土豪（開発主）と百姓、百姓と家抱《けほう》（隷属農民）の関係について、百姓や家抱が開発の進展を通じて土地との結びつきを強めていくことで近世村が成立し、家抱が自立していくと見通している。

第五巻第5章「高利貸しか融通か」（東野将伸）は、農村の人びとの生活は、金融（利子つき債務・債権関係）によって補完され、高利貸と融通の両側面を持ち、村請制《むらうけせい》維持のために村役人による年貢立て替えが行われ、モラル・エコノミー（道徳経済）の観念も存在していたとする。金融の両側面について、背景にある社会関係や論理を注意深く判断すべきとの指摘はその通りかと思う。近世社会にあって、金融は列島の隅々まで村人の暮らしのなかに浸透したが、病気や凶作などから生活危機に陥りやすい小農民にとって、借金は過酷な選択の原因となる。隷属農民に関わらせていえば、盛岡藩《もりおかはん》では「契約的借金名子《なご》」も発生していた（森嘉兵衛『奥羽名子制度の研究』）。地域社会におけるセイフティネット（安全網）とも関わってくる問題であるが、評者などは、一八世紀中後期以降のことだが、備荒貯蓄（社倉《しやそう》）の取り組みが歴史的に重要だとみて関心を向けてきた。

村そのものについてではないが、「近世的」な思想・信仰にも、第六巻第5章「民衆の生活における思想・信仰」（上野大輔）が、身体障害に対する因果応報的な説明など、「個人の尊厳や権利を低く見積もる面が目に付く」と述べる。そうしたものが現代にまで尾を引いているとすると、近世を関わりのない過去とばかりみてはいけないことになる。

水田中心史観批判に戻るが、それは非農業民への視野を広げたことで、歴史の見方に変更を迫り、研究を活性化させた。ただ、農産物自由化などで、稲作だけはとりあえずは守っても、日本の農業・農村が衰退していく現実があり、食料自給率の下った農業・農村をどうするかの視点を欠くことにならないかと、評者は危惧を持ってうけとめていた。村の共同体の再評価論も、歴史学が独自にというより、環境生態学や文化人類学・民俗学などにおけるコモンズ（共有地）論や里山・里海論と共鳴する形で展開してきたが、それを支えてきた村自体が限界化し、崩壊の危機にあり、再評価の先に何を見通すかである。村の再評価とはいっても、近世社会とは異なる新たな結びつき方が模索されての共同性ということになるだろうか。実際、そうした地域おこし・地域づくりも、さまざまに始まっているように思われる。

近世の都市像を問い直す

一方、都市に関しては、第四巻プロローグ（前掲、志村洋・岩淵令治）が現在の状況について述べている。「観光立国」のもとで「伝統文化」が喧伝され、近世都市像は明るい幻想をもたらし、「庶民文化の原点として、江戸という理想郷はますます輝きを増し」、一方で村に対する関心が薄くなっていくという表裏の関係にあるとする。同第5章「諸身分の交点としての江戸〈久保町《くぼちょう》〉」（岩淵令治）でも、町人中心の地域像は「幸せな江戸像」として利用される危険性があるとし、現代都市を構成する多様な人びとの存在を意識して、武家地のなかにあった久保町を例に、諸身分が町域外とも関わりつつ、さまざまに交錯していることを具体的に示している。同第7章（前掲、渡辺浩一）が「底辺の人びと」を見落とさないのは、同様の江戸像批判を共有しているからだろう。都市史研究が三都《さんと》に偏重してきたのを多少とも正そうと用意されたのが、「在方町」を取り上げた同第6章（前掲、酒井一輔）である。在方町の社会的構造と行財政システムの分析にあてられている。在方町（宿場町）がその近隣村（地域経済圏・生活圏）を含めてどのように成り立ってきたのか、地域社会論としては、全国どこでも欠かせないテーマである。

高齢化、消える集落、日本の将来の予想統計データは、先行きのないネガティブな農村として、それを受け入れなくてはならない諦めムードをつくり出してはいないか。都市と農村、大都市と地方との広がる格差、しかし、都市は農村・地方なしに成り立ちえない。地方・農村にリスクを強いるエネルギー問題は、近世でも薪炭の燃料問題として存在した。山を伐り荒らし、洪水の原因ともなった。現代日本の食料を支えているのは、地方と外国である。県ごとの自給率（カロリーベース、二〇二二年）をあげるなら、東京〇％・大阪一％、一〇〇％を超えるのは北海道と青森・秋田・岩手・山形の東北地方の県のみである。

このような列島社会の大都市・地方の需給構造は近世社会にすでに始まっている。それが食料の欠乏・高騰として噴出するのは飢饉時である。本シリーズでは、第二巻第2章「将軍吉宗《よしむね》の改革政治」（小倉宗）が享保の飢饉の、同第5章「貨幣改鋳と経済政策の展開」（高槻泰郎）が天明の飢饉の、江戸・大坂における幕府の米価対策についてふれている。詳しくは省くが、大規模な凶作・飢饉となると、その影響が全国に波及していくのが近世社会で、とりわけ江戸・大坂の大都市・市場要因がとても大きかった。

今日、世界のどこかで戦争や旱魃《かんばつ》などがおこると、たちまち穀物が不足・高騰して世界的な影響を与える。食料自給率が極端に下がった現代日本において、果たして人びとの生命を守るに足る農業・食料が国内に担保されているのか。市場経済のグローバル化にあって、新自由主義が災害時の救いの手になるのか。近世社会の飢饉をはるかに超えた餓死的状況を生み出すことにならないのか。そうならないためには、地方の農村・農業の再生が欠かせないが、一極集中の大都市から地方（農山漁村）へ人びとが分散する（戻る）、これまでとは逆の流れをつくり出す方策はあるのか。近世史研究が、列島社会のなかで都市と農村、中央と地方が取り結んでいる関係をさまざまな角度から明らかにすることで、そうした現代的な課題に応えていけないものかと改めて思うところであった。

4　平和と戦争・軍事

平和であればこそ

近世中期を扱った第二巻プロローグ（前掲、村和明）は、この時代の大きな特徴を「列島内外における軍事問題が、それほど切実さを持たなかったこと」にあるととらえる。著名な大事件や人気のある「英雄」が乏しく、関心を持ちにくいかもしれないが、外部の巨大な圧力による激変ではなく、列島内部で環境・経済の変化への政治的な対応が模索され、現代人にとっては将来を見据えるには「無縁な世界」ではないとしている。評者の感覚でも、巷間《こうかん》には歴史上の英雄や偉人、伝説《レジエンド》があふれている。歴史観や人間観への影響は小さくはないように思われるが、そのような点からも、「英雄」の時代ではない、「泰平」の時代に、人間社会がどのように成熟していくのか、そういった関心の持ちようも大切であることを気づかせてくれる。戦争によって命が失われないことは人道的な価値を有するが、第五巻プロローグ（前掲、多和田雅保）が述べるように、戦争のない「平和」の時代だからといって、近世社会が生きやすかったかどうかは、すでにみてきたように別問題である。

近世の社会進歩を積極的に認めているのが、第六巻第7章「近世の寺社参詣とその社会的影響」（原淳一郎）である。寺社参詣にみられる旅の大衆化を述べて、現代の日本が、タクシーに安心して乗れ、市中でのひったくりや強盗もほとんどない「世界でも屈指の日本の治安のよさ」の源泉を、近世社会にみている。往来手形は統制のための身分証明であるが、旅人がそれを所持することで保護救済の措置が講じられ、旅先で病気になったら養生させ、死亡した場合には現地の習俗に従って埋葬するなど、旅への不安を解消するさまざまな手段が生み出されたからである。

このように、前代に比べて格段に安全が確保されるようになったとしても、一方で、第五巻コラムⅡ（前掲、町田哲）によると、天保飢饉時に四国遍路の行き倒れが顕著に現れ、徳島藩は往来手形を持たない者を「乞食体《こつじきてい》」とみなして阿波国外へ追放し、死亡すれば何もせず墓地に埋めることにした。しかし、戒名を与えて追福供養する寺院があったことを示し、権力的対応との違いがみえる。また、同第4章「かわたと非人」（三田智子）は、災害や病気で生活が破綻し、居住村・町を離れて乞食・非人になり、集団化して非人仲間を形成し、恒常的に入ってくる新非人を排除または組み入れてきたとし、非人組織も「非人番《ひにんばん》」として警察的機能に関わっていたことを述べる。飢饉時には、流民化した飢人が街道に充ちることになるが、こうした生活貧者・弱者の移動・旅に着目した研究が進んできている（藤本清二郎・竹永三男編『「行倒れ」の歴史的研究』）。

中世の終わりと近代の始まりは北から

徳川の世およそ二六〇年、そのうちでも戦争がなく、あるいは軍事が後景に退いていたのは一二〇年ほどである。長いとみるか、そうでもないか。寛文九年（一六六九）の蝦夷地におけるシャクシャインの戦いが、戦国以来の戦争の最後であった。第一巻第7章「列島北方の「近世」」（上田哲司）は、本州的な「近世」と列島北方とではズレがあり、康正三年（一四五七）のコシャマイン戦争からシャクシャイン戦争までの約二〇〇年間を「近世の前期」ととらえて論じている。間に近世大名松前藩《まつまえはん》の成立が入るが、移行期をそのように呼ぶかは別として、アイヌ史からみて、あるまとまった時代区分として成り立つと思う。

寛政元年（一七八九）の道東・南千島《みなみちしま》のクナシリ・メナシの戦いは、評者の考えでは、近代史に向っての幕藩権力の最初の軍役発動となった。同四年ラックスマン来航と文化元年（一八〇四）のレザノフ来航、そして同四年のエトロフ襲撃事件が、国家的な危機意識を高じさせ、海防・軍事の時代に入っていく導因となった。幕府は蝦夷地の直接支配に乗り出し、アイヌ民族の同化政策がはじまり、華夷意識をベースとする攘夷尊王の排外主義的な民族意識がその後の政治思想の中核をなしていく。第三巻第5章「一九世紀の蝦夷地と北方地域」（谷本晃久）が述べるように、一九世紀の蝦夷地・北方地域について「歴史的に見通す」ことは、日ロの国境問題や、アイヌ民族の先住権のあり方など、「現代的諸課題との向き合い方を鍛える」ことに通じている。中世（戦国）の終わりも、近代の始まりも、「北」が深く関わっていた。

近世前期の侵略戦争と武力制圧

太平洋戦争の終結（昭和二十年〈一九四五〉）からもうじき八〇年となる。毎年八月の夏の季節には、テレビや新聞で扱われるものの、身近で戦争・戦時体験者から話を聞く機会がめっきり少なくなってきた。戦争体験の風化が何を招くのか、それは遠くなった戦国・近世前期の戦争への感じ方にも影響を与えていくことだろう。本シリーズでは、第一巻プロローグ（前掲、牧原成征）が、織豊《しょくほう》期・一七世紀前半における日本のアジア・世界との「地域間交流・動乱」のうち、豊臣秀吉《とよとみひでよし》による朝鮮侵略戦争（壬辰《じんしん》戦争）が最大のものであると述べている。評者も同様に理解する。この戦争は、日朝間のその後の歴史、近現代史にとって大きな負の遺産となった。いかなる理由であれ、先に他国を侵略して人びとの生命を奪い、暮しを破壊したことを小さくみてはいけない。権力者がなぜ戦争をおこし、戦場で何がおこっていたのか、直視して明らかにし続けることは歴史学の責務である。世界史的な見地でとらえることが本シリーズの趣旨であるが、ここでは民衆を巻き込んだ戦争・戦場のリアルが、どのように具体的にふれられているか、垣間見るにとどめたい。

壬辰戦争を扱った第一巻第2章「「豊臣の平和」と壬辰戦争」（谷徹也）は、秀吉が国内同様「仁政」を掲げながら、朝鮮の現場では守られず、「暴力による圧政や略奪、破壊」を引きおこして、侵攻が挫折していく構造や過程を鮮明に示している。武器を持つ者は殺戮され、長期の山籠もりから飢餓と荒廃が広がった。日本軍による鼻切りは民衆にも及んだ。しかし反抗によって朝鮮民衆の統治の難しさを知った大名たちは、帰陣後「民衆と向き合う必要性」を学び、荒廃した領国の百姓へ配慮した復興策をとるようになったという。「徳川の平和」はこうした侵略の挫折、朝鮮の人びとの犠牲のうえにもたらされたことになる。戦後日本の経済再建も朝鮮戦争の特需によるところが大きかった。

島原の乱・キリシタンを扱った同第5章（前掲、木村直樹）は、島原の乱の戦場の様相を再現している。一揆軍《いっきぐん》には、戦国時代を戦い抜き、朝鮮出兵に従軍した者もおり、戦場経験をよく知る元武士が統率していた。発掘調査によると、籠城戦で大人数が長期滞在したが、炊事場を用いての配給型の食事であったという。女性や子どもを含め、家族全員が籠城して戦闘員となって働き、崖の上にある城から投石し、煮湯や糞尿を浴びせた。幕府軍側の死傷者は投石によるものが一番多かったという。幕府軍の近隣には、仮小屋を連ねて、武具・食料を売る商人や遊女らさまざまな人たちが集まっていた。一揆勢は三万七〇〇〇人程度とされるが、文字通り全滅させられた。限られた紙幅のなかで、戦場の生々しい様子をもっともよく伝える叙述となっている。

幕府の「海禁」政策を扱った同第6章「琉球に及んだ海禁」（木土博成）は、慶長十四年（一六〇九）の薩摩藩の琉球侵略によって首里城《しゅりじょう》が落ち、捕らえられた尚寧王《しょうねいおう》は薩摩に送られ、古琉球は終焉し近世琉球の幕が開いたとする。画期をなすだけにどのような侵略・征服の過程であったか、その状況が書かれてよかったか。北方史・アイヌ史を扱った同第7章（前掲、上田哲司）は、記録に蠣崎氏《かきざきし》（のちの近世大名松前氏）がアイヌとの紛争で和睦と称してアイヌ側の指導者を騙し討ちするのを常套《じょうとう》手段としていたと記されるが、誇張を含むのは確実として、すべてが虚構と思われないとし、蠣崎氏がそうした計略に頼ったのは軍事力で制圧できなかったからとみる。シャクシャイン戦争も、和睦でおびき寄せての殺害で終わった。騙し討ちが戦国時代の習いとすれば（佐伯真一『戦場の精神史』）、シャクシャイン戦争まで引きずったことになる。

近世後期の対外危機と軍事対応

列島北方の「近世の後期」は、クナシリ・メナシの戦いからである。その蜂起が松前藩から幕府に報知され、幕府は北東北の盛岡・弘前《ひろさき》・八戸《はちのへ》の三藩に加勢待機命令を出した（出兵に至らず）。なぜアイヌは蜂起したか。第三巻第5章（前掲、谷本晃久）は、従来型の儀礼を伴った交易から、前貸精算制による雇用労働への転換があり、そこから生じた軋轢の延長線上に生じたとしている。第二巻コラムⅡ「一八世紀末の日本を凝縮する「夷酋列像《いしゅうれつぞう》」」（春木晶子）は、取り調べによれば現地でアイヌ交易をうけ負う「商人たちの横暴な振る舞い」に蜂起の要因があるという、としている。商人に雇われた出稼ぎの番人らの横暴がどのような構造・意識のなかで発現していたのか、評者などはこだわってきたところである。

　ロシアとの関係では、第三巻第5章（前掲、谷本晃久）は、文化四年（一八〇七）の「露寇《ろこう》」でエトロフ島が襲撃され、「勤番の幕吏《ばくり》と駐屯の南部《なんぶ》藩《はん》兵は敗走」し、「徳川の武威が損なわれ」て、「文字通り体制の危機」が自覚された事件だとしている。少し補っておけば、シャナ会所《かいしょ》詰の幕吏戸田又太夫《とだまたゆう》（下役元〆《もとじめ》）が自害し、事件は過大に幕府へ報知され、当時勤番の盛岡・弘前両藩に加え、幕命で東北有力藩が蝦夷地へ出兵し、その後の幕府の対外関係や海防政策に与えた影響がまことに大きかった。それだけにもっぱら「北の防備」という国防の文脈に回収されて評価されやすい事件といえる。なお、第二巻エピローグ「変わらないために変わる時代」（吉村雅美）は、実現はしなかったが、捕鯨業（鯨組）が海防の備えになると期待されたことにふれている。

　第三巻プロローグ「内憂外患《ないゆうがいかん》と近世日本の限界」（荒木裕行）によれば、弘前藩では寛永寺《かんえいじ》からの借金返済の見通しがないままに借り入れが増大し、交渉の繰り返しの結果、嘉永三年（一八五〇）に返済計画がたって決着したが、外国船来航への対応などによる多額の出費で財政が悪化したことを弁明の理由としていた。この指摘のように、増加する外国船接近への対応は、海岸に領地がある藩すべての政治課題となった。蝦夷地警衛や海防体制に藩・地域が組み込まれていく過程は、日常の暮しのなかに軍事が入り込んでくる、地域史や民衆史の問題でもある。評者の関心でいえば、先のエトロフ事件の現地にも、村の百姓やマタギなどが役として動員されていた。農兵が各地で組織され、銃卒《じゅうそつ》による部隊が警備・戦闘の中軸となっていく。農民の武装化は内憂外患の内と外に向けられた。同第7章（前掲、小野将）は、明治維新《めいじいしん》後の短期間での「武士身分の解消」が、研究史上で問題とされてきたが、近世から近代への軍事面の「構造的な転換」を考慮すれば、謎といえるものではないと指摘している。維新後の徴兵令につながっていくが、このような変化は、軍夫に動員されても本来戦闘員ではなかった被支配の人びとに何をもたらしていくのか。戊辰《ぼしん》戦争にすでに現われているが、民衆が略奪や殺害にも加担する近代の戦争が待ちうけている。本シリーズの課題としてあげていた政治史研究と社会史研究のギャップが端的に現れる局面といえよう。

また、この論考のなかで、文政八年（一八二五）に幕府が発令した強硬な「無二念打払令《むにねんうちはらいれい》」について、来航する捕鯨船団への対応（格別な備えに及ばない）であり、対外戦争に至る可能性が念頭にあったわけではないとする。前年、水戸藩の常陸大津浜《おおつはま》への捕鯨船の英人上陸事件に際して、学者の藤田東湖《ふじたとうこ》などは決死の覚悟で臨んだ一方、現地責任者や藩庁は紛争回避に動いていた。しかし、天保八年（一八三七）には、米船モリソン号が浦賀《うらが》・薩摩で砲撃された。二念なく打払えとの命をうけていた浦賀奉行や薩摩藩はそれに従ったまでであるが、幕府の想定を超えてしまった。それが、執筆者のいう「異国船打払令《いこくせんうちはらいれい》による問題」であった。立法意図と法文理解との間の齟齬《そご》について考えさせられる。

同第4章「天保・弘化期の幕政」（荒木裕行）は、阿部正弘《あべまさひろ》政権が老中水野忠邦《みずのただくに》によって撤廃された異国船打払令の復活を評議したとき、幕府海防掛が万国を敵とする戦争になりかねないと強く反対したこと、また弘化・嘉永期（一八四四～五四）に幕政参加をねらって行動した新発田藩《しばたはん》主溝口直諒《みぞくちなおあき》は戦争回避に尽力すべきとし、神風が吹くといった非論理的な攘夷主義者を厳しく批判していたことを取り上げている。今、国際社会は分断と戦争がさらにエスカレートしていき、そこに日本もまきこまれ、入っていきかねない状況にあるが、それだけに戦争回避を最優先して排外的・好戦的な主張にあらがい、立ち止まった人たちに目を向けることの今日的意義がある。

5 さまざまな人びとへの関心——民衆史への期待

地域・民間社会を構成する人びと

政治を担う支配階級の人びとというよりは、地域社会のなかでそれぞれ生業をもって日々活動している大多数の人びとの歴史に光をあてていく、この営みをゆるく社会史、あるいは民衆史と理解しておきたい。本シリーズで、民衆的な人びとがどのように把握されているのか、その呼称を中心に確認してみよう。

その大多数の人びとの暮らしの場は、第四巻のタイトルに「地域からみる」とあるように、住民としての地域社会である。ただ、第六巻第3章「民間宗教者の活動と神社」（梅田千尋）が「民間宗教者」、同第6章「民間社会からみる書物文化と医療の実態」（鍛治宏介）が「民間社会」と、章タイトルに民間を用いている。第三巻第1章（前掲、清水光明）や第五巻第5章（前掲、東野将伸）も、民間・民間社会を文中で用いている。「民間」という言葉は、近世には田《た》中丘隅《なかきゅうぐ》『民間省《みんかんせい》要《よう》』、建部清庵《たてべせいあん》『民間備荒録《みんかんびこうろく》』のように書名にも使われていた。丘隅の場合は農政・民政が及ぶ地方《じかた》（農村社会）を広く指しているだろうが、清庵は振仮名をみると「百姓仲間」「在郷」の意味で使い、中国の『牧民忠告《ぼくみんちゅうこく》』からの引用文中に「民間」の語がみえる。近世社会を士農工商の「民間社会の成立」とみ、それが厚くなっていったとして積極的な意味合いを与えていたのは、深谷克己であった。（『大系日本の歴史9　士農工商の世』）。「民間」がどのような内容・文脈で使われてきたのか、その歴史を一度問うてみてもよいであろう。

ひとまず大多数の人びととしたが、ふつうの、一般的なとも形容されるが、各章ではどのように表現しているであろうか。近世の身分社会は、各論考をみればわかるように、武士、奉公人、浪人、百姓、町人、商人、職人、えた、かわた、非人、乞食体・流民、隷属民（門屋・名子・家抱）、遊女、芸能者、僧侶・修験《しゅげん》・神職《しんしょく》、医者・儒者など、その身分や職分、あるいはある状態の人びとが登場する。第五巻第1章「武士・奉公人《ほうこうにん》・浪人」（牧原成征）は、近世社会を「さまざまな人びとからなる身分社会」として把握したのはそうした実態だからであるが、それらの「人びとの存在のあり方を、具体的な場や集団、それらの関係に即して論ずる」のが身分社会の研究である、としている。武士を扱ったこの論考では、武士といっても多くの階層からなり、「正規の武士」は総人口の一％に満たず、それに数倍する徒《かち》（歩行）・足軽《あしがる》、若党《わかとう》・中《ちゅう》間《げん》・小者《こもの》などの奉公人がいたと指摘する。基本身分に即して士農工商（四民、武士・百姓・町人）、えた・非人として括って概括するのではみえにくい、「さまざまな」人びとを可視化していくという意図がうかがわれる。第四巻第5章（前掲、岩淵令治）が江戸の地域社会には一時的滞在者を含め、「さまざまな身分の人びとが存在し、交錯した」というのも、「さまざま」の意識的な使用であろう。

支配階級の人びとを除く、大多数の人びとを包括的にどのように呼ぶか。研究・叙述のうえでは必要とする。「人びと」もその一つであるし、地域社会・藩社会で述べる場合には「領民」「住民」が使われている。第六巻第3章（前掲、梅田千尋）に、民間宗教者の活動の場は「庶民層も含む諸階層の「家」」、第三巻第1章（前掲、清水光明）に、天明の大飢饉の際の御所千度参《ごしょせんどまい》りは「祈禱する天皇（「生神様」）への大勢の庶民の祈禱」などとあるように、「庶民」がある。小学館版『日本国語大辞典』では庶民は諸民とも書くとし、近世の用例もあげている。百姓・町人を指しての「平人」「平民」もあった。どの言葉を使うかは場・状況により自由であるが、本シリーズでも比較的使用されているのが「民衆」である。

再び民衆史を

民衆をタイトルに掲げているのは、「民衆の生活」を扱った第六巻第5章（前掲、上野大輔）と、「民衆運動」を扱った第三巻第6章「民衆運動からみる幕末社会」（野尻泰弘）である。前者は、民衆を定義して「百姓・町人をはじめとする、支配される側の身分の人びとを指し、賤民《せんみん》を含めることもできる」とし、階層差や性差などへの注意を促し、上層民衆と中下層民衆に分けて述べている。「賤民」身分を含まない「平人」「平民」ではカバーしきれない人びとを含めて使うのに適している。一方、後者は、民衆について説明していないが、三方領知替《さんぽうりょうちが》え反対運動などを取り上げ、「幕府の権力にも容易に屈しない民衆の力強さ」、「数多の民衆たちの強い願いと大胆な行動」などと、行動・運動する局面において「民衆」を使っている。ほかにも、第一巻第2章（前掲、谷徹也）は、「多くの朝鮮民衆は逃亡して山に籠もり」「皆殺しにし、西日本の民衆を移して耕作させる」のように、朝鮮・日本の双方に使い、第五巻第7章「芸能者」（塩川隆文）は、吉田伸之の研究をあげて、「都市のなかで乞食・勧進に携わる人びとを都市民衆世界の重要な構成要素」とみているとし、第六巻

第7章（原淳一郎）は、「近世の民衆にとって、旅の中心は寺社参詣」であり、「旅の大衆化」を述べる。

近世には「民衆」という言葉はなく、古代国家以来の被治者としての「人民」が使われ、近世の幕法・藩法などに出てくる。藩領民を「国民」とした用例もある。「民衆」は、大正期くらいから「民衆芸術」などのように人間的・主体的な意味合いで使われ出し、一方「人民」も社会主義や労働運動などで、闘う勤労大衆を指すようになった。今日では、外国の国や政党の呼称などにわずかに使われるものの、「人民」はすっかり影を潜めてしまった。ほかにも「常民」「大衆」などの言葉があるが、民衆が今、もっとも多く使われるのは、運動というばかりでなく、それぞれに喜怒哀楽を抱えつつ日々を生きた、さまざまな姿をとらえるにふさわしい、デモクラティックな言葉のイメージを持ってきたからであろう。

さて、第三巻第6章（前掲、野尻泰弘）は、一九六〇年代から七〇年代にかけて、百姓一揆研究は「領主権力と先鋭的に対峙する」階級闘争・人民闘争として、当時の社会運動と重なりあって盛行し、訴願や村方騒動《むらかたそうどう》・打ちこわしへと関心が拡大・深化したと指摘する。そして、現在では後退したが、かつての近世の民衆運動のイメージは、「強権を振るう支配者である幕藩領主層」や「それに連なる富裕層」が人びとを搾取・抑圧し、「追い詰められた民衆がその憤懣を爆発させたというものだったかもしれない」という。そうであったのかの検証を必要としようか。

評者が学生・院生だった頃には、一揆・騒動、およびその思想の研究は、「豪農—半プロ（半プロレタリア）論」の佐々木潤之介や、民衆思想史研究の安丸良夫らが牽引していた。当時共有されていたのは幕末維新の「変革」を念頭においた「変革主体」論であった。半プロ層（および前期プロ）への過度の期待があったにしても、歴史を支えるだけではなく、歴史を変えていく民衆の力への信頼がゆるぎなかった。階級闘争・人民闘争が民衆運動と呼ばれるようになり、二〇〇〇年より『民衆運動史』全五巻が刊行され、それが一九六〇年代後半以来の達成点であったといえようか。階級闘争・人民闘争であるから領主対農民、豪農・村役人対小農・半プロという二項対立が際立つことになったとはいえ、民衆史について豊かに語っていた。民衆史を称したシリーズや単行本がよく刊行されていた。豪農論はその後、地域運営論や地域リーダー論に展開し、成果を生み出したのは否定しないが、その反面、大多数の民衆は豪農やリーダーとの関係でどのようにとらえられ、扱われることになったであろうか。一方、民衆の「暴力」を問う研究（須田努編『社会変容と民衆暴力』）なども登場してきた。もはや、研究史を後戻りさせることはできないが、その時代その時期の「いきづらさ」と格闘し、「いきやすさ」を追求した、民衆の多様で個性的な姿までも浮かびあがらせるような、新たな社会史や民衆史の模索もまた、現代歴史学・近世史研究には期待されている。

おわりに

本シリーズが近世史研究の歴史のうえでどのような位置にあるのか、いくらか述べて終わりとしたい。編者・執筆者の大半は、一九七〇〜八〇年代生まれの三〇代半ば〜五〇代半ばの働き盛りの世代が占めている。戦前・戦中はひとまず措くとして、戦後の近世史研究の担い手をみると、戦後歴史学を長く牽引した第一世代は戦前・戦中体験を持ち、戦後変革および一九六〇・七〇年安保（日米安全保障条約改定の反対闘争）の時代を生き抜き、世界史の基本法則や発展段階論、すなわちマルクス主義的歴史学の影響力が大きかった。本シリーズの各論考で、第一世代の著書・論文が引用されることは少ない。研究史としても、第四巻プロローグ（前掲、志村洋・岩淵令治）が、一九五〇年代の、戦前の日本資本主義論争の系譜を引く幕末農村経済史や、世界史の発展法則にもとづく太閤検地論争《たいこうけんち》について、第三巻第6章（前掲、野尻泰弘）が民衆運動論の観点から、階級闘争・人民闘争としての百姓一揆研究について言及している程度である。

第二世代は、団塊世代（一九四七〜四九年生まれ）とそれに続く、戦後生まれの人たちである。高度経済成長期に育ち、大学闘争やベトナム反戦など一九七〇年前後に学び、第一世代の影響をうけた。「政治の季節」が終わったのちの一九七〇〜八〇年代には都市化・消費社会化が進行、そしてバブル崩壊、戦後冷戦体制の崩壊に至った。こうした社会の変容、時代の転換にあって、戦後歴史学を継承しつつも新たな研究の模索が始まった。本シリーズに反映されている幕府（幕藩）政治史、「四つの口」、天皇・朝廷、身分社会・身分的周縁、社会権力・分節構造、地域運営、藩社会論などの研究視角・課題設定は、第二世代が主に切り開いてきたといってよい。

本シリーズに集った人たちの多くを第三世代と呼ぶとして、第二世代の研究視角を深化・発展させて今日に至るが、冷戦体制崩壊後、急速に展開するグローバルでデジタルな現代社会が逢着《ほうちゃく》している諸問題を、鋭敏に感じとっている世代である。近世史の研究者として、今という現実から課題として何を汲みとり、研究の方向を見通そうとしているのか、世界史のなかの日本というのがその一つであったが、その他すでに述べてきた通りである。その集団的な最初の本格的な取り組みといえる。そして、これからの一〇年、二〇年を担い、牽引していくことになる。次なる構想と展開を期待したい。

少し乱暴な世代論になったかもしれない。世代と世代の間にあって双方をつなぐ役割をしてきた研究者が存在してきた。老い若きを問わず、同時代を生きているなら、問題関心を共有しあうのは充分可能であって、ことさらに世代間のギャップを強調する必要はない。評者は団塊の世代直後に生れているので第二世代に属し、さいわい戦後三世代の仕事を眺め渡すことのできる場所にいる。社会も研究環境も随分と変わったとの感慨を持つが、第一世代のみならず、やがて第二世代の研究も、新たな研究によって書き替えられ、置き替わっていく。そうではあるが、真摯に時代と向きあっていた過去の仕事を切り捨てずに、読み直し、おきざりにしてきた問題を「再発見」し、研究にいかしていくことも大切かと思う。

〔参考文献〕

北原糸子・松浦律子・木村玲欧編『日本歴史災害事典』吉川弘文館、二〇一二年
佐伯真一『戦場の精神史―武士道という幻影―』NHK出版、二〇〇四年
須田努編『社会変容と民衆暴力』大月書店、二〇二三年

高木昭作『日本近世国家史の研究』岩波書店、一九九〇年
武井弘一『江戸日本の転換点』NHK出版、二〇一五年
中塚武監修『気候変動から読みなおす日本史』全六巻、臨川書店、二〇二〇～二一年
深谷克己『大系日本の歴史9 士農工商の世』小学館、一九八八年
藤本清二郎・竹永三男編『「行倒れ」の歴史的研究』部落問題研究所、二〇二一年
森嘉兵衛『奥羽名子制度の研究』『森嘉兵衛著作集 第五巻』法政大学出版局、一九八四年
『民衆運動史』全五巻、青木書店、一九九九～二〇〇〇年
『近世の身分的周縁』全六巻、吉川弘文館、二〇〇〇年
『身分的周縁と近世社会』全九巻、吉川弘文館、二〇〇六～〇八年
『〈江戸〉の人と身分』全六巻、吉川弘文館、二〇一〇～一一年

II　書評に応える

はじめに

小野　本日の議論にあたって編者の一人からお話させていただきます。そもそもの編集意図は、最近シリーズが出ていなかったこともあって、近世史のシリーズを出そうじゃないか、というところからスタートしております。あとは、近年出ている講座の企画に対して、ある程度の補完も必要だと思っております。ただ分野別での企画というのはすでにあって、都市史とか、宗教史とか、思想史とか、比較的充実しているところもあり、分野による差も大きいので、その辺も勘案したところがないとはいえません。一応通史編（第一〜三巻）とテーマ編（第四〜六巻）ということにしていますけれども、そもそもこれは完全無欠のシリーズをめざすものではありません。これで定説をめざすぞ、という方向でもないと思います。また、研究会を繰り返して共同研究を行ってシリーズものをつくる、というものでもなかったので、そこは以前の「身分的周縁」みたいな、吉川弘文館から出ているシリーズとも違うところです。

ただ、近年までの研究史とか到達点を確実にフォローするということは、各編者・各執筆者にお願いをしていて、できれば近世史研究の初心みたいなところから、現在に至るところまではカバーしていただければ、ということでラインナップを組んできました。結果としてもっとも多忙な世代の方々から、これまでに到達した見地を、最新のところまで併せて組み込んでいただいて、このシリーズ全体をみると、一種の集合知みたいな形になって、ある程度の高みへ到達することをめざしたと思っております。編集してみて、結果としてつまらない論考は載っていないと思っております。クオリティはちゃんとキープしているというか、それなりのものになっていると思った次第です。読み方としては、それぞれの専論に集中して読むこともあるかと思いますが、書評となるとそれぞれの論考から、各自それぞれに他分野・他領域にわたって拡張したり、交錯していくというような、合わせて読むと読みどころになるのではないか、そういう評価がでたらいいなど期待しております。

あと企画を進めるにあたっては、二〇一九年末からの新型コロナウィルス感染症流行の影響が大きかったので、結果的に共同研究もできませんでしたし、コロナ禍のためオンラインで編集企画をしてきたという経緯も大きかったことです。反省としては、このシリーズではジェンダーのテーマについて一巻を割り当てず、執筆者各人が自身の研究テーマのなかでジェンダーの問題を意識することもめざしましたが、そもそも編者からしてジェンダー不均等になっておりまして、非常に編集段階からの反省として大きいものがあります。あるいは導入のところでふれておりますが、最新の問題意識に果たしてこれは答えられているのかという点では、例えば地球環境だとか、災害の歴史とか、それこそ感染症の歴史とか、そういったところに応えているか、というのは反省の材料になると思った次第です。

1　松井書評をめぐって

小野　最初の巻から順繰りにコメントを頂いてもいいですか。

牧原　第一巻『列島の平和と統合』の冒頭を書くのは嫌なもので、しかも私の場合、プロローグと第1章（「世界のなかの近世日本」）と両方でしたので、刊行まで常にプレッシャーに苛《さいな》まれており、本日を迎えています。どう書き始めるかということですが、単なる一章にすぎないわけですけれども、重い責任を負ってきたと自分では思っています。

そもそも私は対外関係史を専門としていないのに、こういうものを書くなというお叱りももちろんあるとは思いますが、時には蛮勇を振るうということもあるかな、と思ったわけで、力は及んでないですけども、なんとか第1章を書きました。松井さんのご意見、主には一六三〇年代の対外政策の扱いが軽いという点ですかね。これは伝統的な、いわゆる「鎖国」論以来の議論の扱いが軽いということで、確かにそうご指摘されればおっしゃる通りかなとは思いましたが、その前に最初に書いた、断絶が生じているというところについてですね。そこで言いたかったのは、いろいろな対外関係史の企画で、中世史は基本的に村井章介さんがまとめておられて、近世史は荒野泰典さんがまとめておられますけれども、そこの間をどう理解するかという問題があるというつもりで書きました。なので、これまでリードしてこられた研究者の問題というか、そういうものを読んで感じたことを書いたということです。その二人の編者のとらえ方が、どうつながっているのか、というあたりを書いたつもりです。対外関係史をさほど専門としてはいないので、いろいろ扱われてきた問題を比較的軽く扱って、自分が注目したい点を重く扱ったという書き方です。もし均等な紙数配分で書くとすると、教科書みたいな叙述になってしまうのですけれども、今回の企画は、読んだときの新味ということも重視されているわけですね。だからメリハリをつけて書かないといけなくて、何をこの短い紙幅に載せて、何を載せないのかということが非常に問われるわけで、自分の筆が進んだところはたぶん分厚くなっていて、ちょっと筆が進みにくい、今まで散々いわれてきていて、もう定着しているなとか、だけど一言くらいは書かなければいけないなとか、そういういろいろなものの組み合わせで、結果としてこういう記述になっています。偏っているのはたぶんおっしゃる通りで、反論はほとんどないわけですけれども、今まで日本国内のことしか研究してこなかった私のような者が、この間の対外関係史研究も含めて、さまざまなものを自分なりに勉強して、こういうふうにとらえられるかということを書いてみたという、私の部分についてはその程度のことでございます。ご指摘につきましてはまた考え直していきたいと思っていますが。

そのほかは、織豊期《しょくほう》とか藩の問題ですかね。これは編者としての責任ですけれども、織豊期も谷徹也さんの一論考のみ（第2章「豊臣《とよとみ》の平和」と壬辰《じんしん》戦争」）でよかったのかということだと思いますが、これを二本にというのは、今の近世史研究者のなかで論者を立てるのは難しいと判断をしたということですね。中世史の研究者を含める可能性もあったとは思いますが……。

藩が主体として描かれていないという点については、四年ほど前になりますが、原稿依頼時に、三宅正浩さんに「藩からみた幕藩政治」のようなタイトルで打診したところ、三宅さんから変更のお申し出があって、そのようにお書きいただきました（第3章「幕藩政治の確立」）。結果としてはよかったわけですが。最初はそういうアプローチで頼んでいた次第ですが、出てきたものとタイトルが変わってきているものは、ほかにも多くあります。

吉村　第二巻『伝統と改革の時代』については、私の論考（第7章「学問の場でつくられた対外認識」）のところで、三ツ松さんもおっしゃったように、在村蘭学《らんがく》も含めての全体の見取り図を示してから論じればよかったと思います。これも私の実証研究の範囲ということになりますが、平戸《ひらど》の藩校などを研究していて思ったことは、あまり役に立たない学問をしているな、というところでして……。とくに近世後期以降に実学・医学・軍事に広く展開する少し前の学問のあり方を考えてみたという意図でした。また、「公議《こうぎ》・公論《こうろん》」に関する議論で、近世に徂徠学《そらいがく》なり洋学の文献が会読されて、それが近代の議会につながるという明るい見通しも示されていますが、それとは異なる見方をしたかったのです。

学問がどこまで広まったのかという議論を入れておけばよかったなとも思うのですが、先ほど三ツ松さんがおっしゃったように、身分とかジェンダーに規定された限定性をみておきたいという意図で書きましたので、ちょっとそちらが強く出てしまったというところです。ですので、平戸で在村蘭学のようなものがなかったかというと、そんなことはありません。エピローグで多少は書いておいたところですが、もう少しその接続を考えることを、今後の課題としたいと思っております。

それから「四つの口」については、彭浩さん（第3章「長崎貿易と国内市場をつなぐ商人集団」）と酒井雅代さん（第4章「日朝関係と対馬藩《つしまはん》」）のお二人に本論を書いていただいて、コラムで春木晶子さんに蝦夷地《えぞち》の方をお願いしました（コラムⅡ「一八世紀末の日本を凝縮する「夷酋列像《いしゅうれつぞう》」」）。丹念に日朝関係・日中関係について書いていただいて、重要な成果だと思うのですが、編者が「四つの口」の相互連関や全体像についての説明を入れておけばよかったと思っているところです。

また、北方地域について、松前《まつまえ》口の対象がロシアになるというところで、確かに「四つの口」のモデルは、いったいいつの時点なのか、通史のなかでは必ずしも明確ではないまま、概念図が示される傾向にあると思います。荒野泰典さんは「四つの口」の時期を規定して論じていらっしゃいますが（荒野泰典『近世日本と東アジア』東京大学出版会、一九八八年）、荒野さんの説明だとどれも間接的に中国につながると説明されています。しかし、例えば北方だったら山丹《さんたん》交易を通じて中国につながるという流れに帰結させてしまっていいのかというと、北方民族を通してロシアにもつながっていくわけです。「四つの口」自体の流動性や変化について、この用語がいいのかということも含めて、考えなければいけないと思っています。第二巻では文章化するには至らなかったのですが、重要なご指摘をうかがえたと思います。

村　第二巻のプロローグへのご指摘は、この時代（近世中期）に国際環境の緊張がほぼない、という書き方になっているということで、確かにちょっと極端に書きすぎたと思って反省しております。ラインナップに入っている彭浩さんは、まさに清《しん》朝の展海令《てんかいれい》とか銅をめぐる政策が日本に与えた影響を研究しておられる方なので、視野に入っていないわけではなかったのですが、彭さんの今回のご論考自体は、清朝の政策による規定性ということを全面に出してはおられません。それを考えると、前後の時代と比べたときにというつもりでしたが、やや極端に書いてしまったと反省しております。

政治体制に関してご指摘いただいた、政治勢力と政策の結びつきという点につきましては、例えば、近世後期の対外関係の政策についてだとよくわかっている点だと思いますが、確かに個別論考で政策基調のような話をしているものと、政治集団というか政治体制の話をしているものとがあって、その両方を意識するということを各執筆者にもう少しお願いしてもよかったかと、自分が書いたものを含めて思います。

自分が書いたところですが（第1章「将軍専制と社会」）、側近に対する接近はいつの時代もあるのでは、というご指摘はその通りでありまして、側用人《そばようにん》政治自体の特性、それならではの近づくことによるメリットと近づき方の特徴、その結果出てくることは、財政との関係など、前後の時代との特質と比べて考えたことはいろいろありましたが、説得力をもってお示しすることができなかった。これは相編者の吉村さんからもご注文があったのですが、うまくできませんでした。

吉村　日本近世史という枠組みと、対外関係史という枠組みの不適合が生じてしまうことがあります。重なるところはもちろんありますけれども、どうしても日本からの対外関係史という視点になると、扱い切れない部分もあります。第三巻のほうで小野さんが世界史的な視野で書いておられますが、こういう日本近世史のシリーズものを出すときに、対外関係史ではなく、世界史・東アジア史などの切り取り方があると思いますが、第二巻もそういった分野との連関をもう少し考えてもよかったのかなと。ほかの視点を入れるというやり方もあったかなと思いました。

荒木　第三巻『体制危機の到来』は全体的に、「世界のなかの日本」ということを比較的意識して書いた巻になります。小野さんの原稿（第7章「幕末の日本、一九世紀の世界」）もそうですし、私もそのように書きました（第4章「天保・弘化期の幕政」）。

今、村さんと松井さんがおっしゃったように、やはり近世、とくに第三巻の部分が対象とした近世後期になると、第二巻の段階とは圧倒的に世界との関わりという具合が違うというのは、これはもういうまでもないことだと思います。そういうなかで、どうしても第三巻の場合には、地球的世界、これが大規模に迫ってくる、これは大きな要因だろうなということを、基本的に意識して書いていたものになります。第三巻の編者としての編集意図は、「長い大御所《おおごしょ》時代」です。これをキーワードとして描こうというのがスタンスで、そのもとで各原稿テーマが選ばれているということになります。佐藤雄介さん（第2章「一九世紀前半の天皇・朝廷と幕府」）と山本英貴さん（第3章「「大御所時代」の幕藩関係」）のお二人は「長い大御所時代」、というか天保改革までの政治史です。大きなトピックで、やはり時代を特徴するものとして天皇の存在、それから幕藩関係の動き、それが重要だろうと思います。

第三巻は、幕府の体制が本格的に崩壊してくるところの前で終わっています。先ほどご指摘もあったと思いますが、本当にペリーが来てしまったらそこで終わるということで、これはやはりその「長い大御所時代」で中核的に描くべきではないのかなと。とくに、私の研究は政治史ですが、政治体制という分野では研究の弱いところだと思います。率直にいってしまうと、何もなかった時代といえばそれまでになってしまうのですが、私自身はそこに、これは最終的に江戸時代が崩壊するというか、なくなる予兆というのか、それがどういうところで出てくるのかが見える時代だと思っています。佐藤雄介さんや山本英貴さんの論考などをみると、私はそのように感じます。内在的な国内の要因、とくに朝廷との関係もそうですし、藩との関係というのも、あとになってみれば何らかの幕府崩壊につながる部分ではありますが、おそらくそれほど重要ではなくて、それだけしか存在がなければ、幕府は何も変化はなく続いていけたのではないのか、と思います。

私の論考の、新発田《しばた》藩主溝口家《はんしゅみぞぐちけ》に関するご指摘では、そこでつくられた関係だけでなく、つくられた意見も重要ということですけれども、それに対して思うところを言います。政治体制といった議論をするときに、基本的には人間関係、関係がどういうふうにできたというほうが実は大事で、どういうことが議論されているかは、実は二の次ではないのかと考えています。やはり野党的ではなく、与党的な立場にいる為政者の人にとってみると、目の前にいろいろな問題があり、それにどう対応していくかが重要であって、どういう意見を持っているのかは常に柔軟に動いてしまって、見えにくい部分があると思います。

溝口直諒《なおあき》の場合ですと、いろいろな意見の人がいるけれども、溝口は明らかに外圧に関する部分だけに議論を繰り広げているんです。そうすると、当時の政治に気を配る余裕があるというか、そういう意見を持っている人というのは、何のトピックで会話をするべきかというと、外国との関係を議論するべきなんだろう。たぶん、それが「長い大御所時代」での典型で、それ以外のさまざまな問題については何となく対応できてしまう。そういうなかで対応できないものが出てくるのがこの時期の特徴。それがおそらく、世界というものが日本に迫ってくる段階なのだろうというふうに、編者を担当してみて思いました。それから、藩の問題もご指摘がありましたけど、藩国家の問題も、確かに組み込めばよかったと、思っています。

小野　「藩の自立化」といわれている動向は、結構再考する必要があります。近世前期・中期からだんだんと変わっていきつつ、幕末は一挙に変わる、ということの意味を考える必要があって、それの大きな原因として、大御所時代の幕藩関係を解明しなければ、というのがあると思います。第三巻ではそれを前面に打ち出しているわけではありませんが、そういうことになると思っていて、あまり西南雄藩《せいなんゆうはん》サクセスストーリーみたいな古い考え方でいくべきではないというのが、個人的な意見です。なので、そういう意味では、藩国家論とかそういうアプローチは、ある意味、一面的なのではないかと考えています。

大御所時代のとらえ方も、私は横山伊徳説（『開国前夜の世界』吉川弘文館、二〇一三年）を踏襲しているつもりでいるのです。つまり、政策基調としては、もう化政期から阿部《あべ》正弘《まさひろ》政権ぐらいまで一続きでつながっているという時代だととらえた方が実態に即しているだろうということで、これはやっぱりペリーの来航でやっと軍事の意志的集中を考える改革に取り組むようになる、という大きな転換を迎えるというのが大筋じゃないでしょうか、という考え方ですね。その間に、非常に長い間、弛緩《しかん》した体制になっているので、荒木さんと言い方はちょっと違いますけれど、矛盾がどんどん蓄積していっていると。これを突かれると結構もろく崩壊する状態になっているのではないかということで、幕藩体制の解体過程は考える必要があるという問題意識をもっているつもりですね。

それにあたっては、意識とか心性をどうとらえるかということですけれど、幕藩制に対して保守的に考えている人たちとか、勢力はどういうふうにしようとしていたか、ということを考える必要があるということかとうけとめました。一橋《ひとつばし》治済《はるさだ》・徳川家斉《とくがわいえなり》の親子がトップにいた時期というのがあり、ものすごく長いわけですね。これは一つの時代といってもいいくらいのもので、ここが政策基調を変えない限り体制は変わらないというのが、ずっとその後も規定し続けていて、それが崩壊への準備になっているということだと理解しております。

寛政改革についても、第三巻で清水光明さんが扱われているアクターがどのようなものか（第1章「寛政改革から「大御所時代」へ」）、指摘されておられますが、確かに民衆一般というわけではないのですが、ここで現れてきた知のあり方というのは検討に値する。政治過程に中井竹山《なかいちくざん》みたいな人も深く関わっているというのは発見であるので、やっぱり政治と知の関わりが非常に前面に出ているというのを指摘しているのは、それなりの意味も持っていて、重要ではないかと思っています。こういう知識人が関連してくることによって、さらにその時代が先へ進んだとか、近代に近づいたと考えてよいのか、というのは、みなさん考えるべきことではないのかというように思います。

第三巻の最後をどうするのか、というお叱りをうけているような気が非常にしておりますが、ここも普通に幕末維新政《ばくまついしん》治史みたいなのをまとめますと、かなり新味のない状態になることが予想されましたので、思い切って振り切った書き方をしました。そもそも幕末政治も、手がけている研究者は圧倒的に近代史研究者が多くて、そこから近世史研究者がどういうふうに対応すべきかは、みなさんそれぞれ問われているところではないかと思うわけです。

成功例もそれほど多いとは思っていなくて、一番の到達点はここにいらっしゃる横山百合子さんのご研究（『明治維新と近世身分制の解体』山川出版社、二〇〇五年、および『江戸東京の明治維新』岩波書店、二〇一八年）が、近世史からこの時代にアプローチした到達点といえるのじゃないかなと思います。ふまえるべき近世史の研究は、必ずしも多いわけではありません。

近世・近代の両方入れての研究動向としてどうなのかという意味で、例えば私の論考でも引用していますけれど、最近刊行された入門書、町田明広編『幕末維新史への招待』（山川出版社、二〇二三年）も、全体として外交が弱いというか、意外とよくわからない感じになっていると思ったので、私はそこを強調して、この時期を考えるうえで不可欠な論点というものを考えないと明治維新というのはまったく理解できなくなりますよというつもりで執筆したということです。そこは非常に強調して書いているので、メリハリをつけすぎているかもしれませんが、そういうことで国内政治史のところは入れる紙数が残っていなかったのです。おそらくある程度のことは入門書などでわかるわけですけれども、なおわかっていないところも含めてこのシリーズに入れたかった、というのが私の考えたことになります。

志村　第四巻『地域からみる近世社会』に関しましては、小野さんからはじめに編者を担当してほしいといわれたときに、都市と村を合わせてという話だったので、そこから企画立案がスタートするわけですけれども、今までの研究では村の研究と都市の研究とはまったく違う文脈で進められてきていて、それを一つの巻に収めるといわれて、どうしようか考えたわけですね。そうすると、在地社会という問題になってくるだろうな、当然そういうふうに思うわけですけれども、そのときに村落部分を主にみる私が何を考えたかというと、一つには特定の研究グループの議論には固まらないようにしたい、ということがありました。

もう一つは、村ごとにそれぞれいろいろな特徴があるので、違う地域の村を取り上げれば、それだけで個性は出てきますが、それを取り上げるだけではしょうがないので、扱う時期も近世初期と中期と幕末期くらい変えるという条件にしました。さらには、村落史研究というのは一九六〇年代からずっと研究があるわけで、そこで盛んに議論されてきたさまざまなテーマがあるんですね。例えば「小農自立」であるとか、「町人請負新田」だとか。そういった古くなって、あまり顧みられていないような論点を、単なるその地域ごとの個性をみるわけではなくて、それを通じて、かつての研究者の関心が、今の研究者にはどういうふうにとらえられていて、さらにそこから近世社会の見方がどう変わってきつつあるのか、ということを明らかにできればいいかなと思って、執筆をお願いしたというところです。

三つめは、プロローグに書きましたけれども、やっぱり村落史研究は今、ほとんどウケない世界で、「オワコン」（終わったコンテンツの略）だといわれている。でも、これは「オワコン」にしてはいけないと思っていて、どうしたらこの研究に意味を持たせることができるのか、というところが一番重要なところであって、それを考えなければいけないと思っているところです。

地域社会論の点からいうと、かつては佐々木潤之介さんのように「豪農—半プロ」論で、変革主体であるとか、主体形成というものが出てきたのですが、その問題が例えば今の中間支配機構論とか、身分的中間層論ではきわめて議論しづらい状況になっています。逆にいうと、こういうようなシステムだったからうまいこと回っていましたみたいな、秩序維持がうまくいっていたという説明になりがちなわけですよ。それを語ってしまうのもどうか、ではどういった構造的な問題があって、その結果、権力者の意図しないところで時代が変わっていったのか、という論点を発見したいなと、個人的には思っていたところでした。

その一つの切り口としては、たとえば酒井一輔さんの話（第6章「在方町《ざいかたまち》の社会構造と行財政システム」）であるとか、あるいは私の論考（第1章「城廻《しろまわ》り村と家中名《かちゅうな》請地《うけち》」）でいうと、城廻りの地域や陣屋《じんや》元村《もとむら》（無城大名や上級旗本などの政庁が置かれた地域）では、年貢を取る関係と諸役を取る関係が両方ありますが、それがうまく機能していかなくなったとか、そういう話を一つの切り口として考えてみたかったというところです。

四つめは、今まで大庄屋《おおじょうや》とか、なかでも城廻り（陣屋元）大庄屋の研究をやってきたなかで、やっぱり政治権力の膝元にいる人間はそれだけで権力性を帯びるわけで、それは今までの研究ではあまり意識されてきていないわけですよね。大庄屋だったら大庄屋と、一つの層として捉えられてきた。権力に近いこと、それ自体で生まれてくる権力性という問題をみなければいけない。これは、今の時代でも必要だろうと思って書いたということになります。

地域をどのように措《そ》定《てい》するのか、というところも先ほど言いましたように、それぞれの執筆者がどういうふうに設定したら有効な議論を広げられるか、というところでお任せしているところです。あえて「社会的権力」を中心にとか、そういうことはいわずに、自由にやってくださいという形で編者としてはお願いしたと思います。

岩淵　第四巻『地域からみる近世社会』の編者の一人の岩淵です。自分の論考（第5章「諸身分の交点としての江戸〈久保町《くぼちょう》〉」）について、久保町は視覚的にもわかりやすいので取り上げましたが、特殊例かというご質問をいただきました。確かに、いわゆる「古町」（近世前期〈明暦の大火以前〉にできた日本橋《にほんばし》や京橋《きょうばし》・内神田《うちかんだ》の町）以外の町（数としてはこちらの方が多いと思います）は、多くが街道沿いか、あるいは武家地や寺社地のなかにモザイクのように存在します。しかし、久保町と同様に、武家地のなかで町が空間的にまとまっていた例として、飯田町《いいだまち》（元飯田町、現在の九段下《くだんした》あたり）や麻布十番《あざぶじゅうばん》などがあげられます。また、まとまっていない場合であっても、これらの町の多くは久保町と同様に、武家や寺社への物資を供給する機能を担っていました。

第五巻『身分社会の生き方』の牧原さんの論考（第1章「武士・奉公人《ほうこうにん》・浪人」）と同じ手法ではないかというご指摘は、なるほどと思いました。確かに、私自身、同様に武家屋敷や個人の武士の行動から町との関係をみてきました。ただし、今回は地域社会を意識し、町の側、地域の側からみるという、いわば逆のベクトルで検討したつもりです。

地域をどう切り取るかについては悩みましたけれども、私の場合は、そのような場末などに存在する町、町域という枠組みはそのまま使ったうえで考えてみたということになります。

多和田　第四巻『地域からみる近世社会』と第五巻『身分社会の生き方』の不可分性についてご指摘をいただきました。五巻は、四巻ほどはっきりと前面に出てはいませんが、すべての原稿をいただいて、全体の組み立てを考えていく途中で、在地社会のなかの身分と都市社会のなかの身分の両方を意識して章立てをしたということを改めて自覚しました。その自覚を深めながら、両方の身分を取り上げたことの意味を意識してプロローグを書いたつもりです。

その点に関係すると思うのですが、生業が多様で、特定の身分では言い表せないのではないかという指摘があって、それはその通りだと思いますけれども、生業村落論というのはそれなりにあって、村の生業論とか、例えば山村とか、漁村あるいは海村を中心に研究されている方はそれなりにいらっしゃると思います。環境史研究も盛んに行われているわけです。第五巻はあえてそこを身分の問題とくっつけてみたというか、そういった多様な生業が繰り広げられ展開している社会というのは、あくまでも近世の身分社会なのであって、そのなかで位置づけたら何がみえてくるのかというとらえ方をしなければいけないだろうと思ってまとめました。

後藤雅知さんのご論考（第3章「房総《ぼうそう》の山稼ぎと江戸」）はそれが明確に出ていて、藩に領有されるなかで、村の人々がいかなる負担をすることによって生活を営み、維持してきたかという観点で書かれていると思います。三田智子さんのご論考（第4章「かわたと非人」）もそうですけれども、身分社会のなかで生業をとらえたいという意図がありました。

また、第五巻の自分が担当した章（第2章「百姓と商人の間」）でも書きましたが、これまでの生業論は村の生業論になっている気がするので、都市の生業論というのを位置づけてみたいという思いもありました。祭礼や縁日など、市《いち》の立つ場所で物売りや興行をしていたイメージがある香具師《やし》（的屋《てきや》とも）を取り上げました。その香具師が身分かどうかというのは問題設定としてはなかなか難しいと思うのですが、念頭にあったのは吉田伸之さんの「在方の香具師集団」（「芸能と身分的周縁」『身分的周縁と社会＝文化構造』部落問題研究所、二〇〇三年）です。まさにあそこで吉田さんが取り上げたフィールドが、私の長年のフィールドでしたので。ただし、吉田論文では「在方」の香具師とされていますが、よくみるとその中核に都市があって、都市のかなり下層の人たちだと思いますが、それと周りの在方の村々に散らばっている人たちが、横断的に一つの香具師という集団を形成しているので、その意味をどうリアルにとらえるべきか、ということを念頭に置いて書いたところではあります。

松井さんがおっしゃった、第五巻で取り上げた身分というのは、あくまでも日本国内に限定される話なのだというご指摘に関しては、例えば第三巻『体制危機の到来』で谷本晃久さんが書かれたアイヌの問題（第5章「一九世紀の蝦夷地と北方地域」）とか、このテーマ編ではなくて通史編のなかにも、身分の問題や集団の問題が当然からんできていると思います。谷本さんのご論考に、アイヌの「撫育《ぶいく》」についてふれておられるところがあります。さらに、ロシア正教をアイヌに対して布教するとか、日本だったら厚岸《あつけし》の国泰寺《こくたいじ》を置いてそこから仏教の布教をするとかいったことが展開されるわけですけれども、日本列島のど真ん中ではないところの人々というのを、私自身がもうちょっと意識して考えていく必要があると思いました。

この第五巻で展開している身分論の議論は、第一～三巻でも結構からんでくる論点はあるはずで、そこのところは意識して読んでいただけるような、何か工夫ができればいいのかという気はしました。今、アイヌの話をしましたが、宗教の問題も関係しているわけで、そういった点では、第六巻『宗教・思想・文化』ともつながってくるという見方が可能だと思いました。

牧原　第五巻は、身分別にあらかじめある程度章立てして割り振らざるをえないところがありました。それがいいのかという問題も一方でありますよね。その身分についてだけ論じればよいのか、ということになりかねないところもあって、それが果たして……。でも、結果として、きちんと練られた原稿が揃ったので、第四巻『地域からみる近世社会』と近くなった。そういう意味では、近世史の現状というか、それに即したものになったと思っています。

私の担当は（第1章「武士・奉公人・浪人」）、最初、武士身分論を分担するということだけを決めたのですが、その武士身分論にもそれほど詳しいわけではありません。ただ武士といっても、正規の武士は少ないというところから、やはり奉公人とかを中心として実態をとらえた方がいいんだろうと。では武士をとらえるにはどういう場がふさわしいのだろうかと考えたときに、真っ先に思いついたのは江戸でした。

古いけれども、江戸の藩邸の日記を読むとどういうことがいえるのかという点で、比較的楽しんで、ある意味、おもしろさをそのまま伝えたいという思いが伝わっていれば、それで成功なんですが……。私の論考は、社会集団に即した史料から、武士身分とそれ以外との関係を問うていく古典的な方法で描いてみて、岩淵さんはその次の段階というか裏面というか、「個」の史料、エゴ・ドキュメントとかそういうものを含めて、個というところからとらえ直すとどういうふうにみえるかということを書いておられます。さまざまな史料を広く集めて江戸の社会構造を解明するという、岩淵さんのやってこられたことが見事に反映されていると思います。そういう意味でも私のと合わせて読まれると、社会集団論とその後の展開というものがわかるのでは、と思っています。

小林　第六巻『宗教・思想・文化』ですが、宗教や文化などについて他の巻で扱われているので、本巻の特性が希薄になったのではないか、というご意見でした。私も全巻を通読して驚いたというか、おもしろいなという感想を持ちました。第二巻第1章（村和明「将軍専制と社会」）で囲碁の話が出てきたりとか。私も浜田藩《はまだはん》の宗教の紛争で、藩の家老《かろう》と真宗《しんしゅう》寺院の触頭《ふれがしら》の僧侶が、囲碁で話しながら相論の解決について話し合ってるという事案は知ってはいますが、結構そういう事例は拾っていけばあるんだろうなということで。他巻、とくに政治史の方で、医者などの文化の担い手が人と人をつないでいるという側面を描いていると受け取りました。

第六巻のとくに前半の場合は、仏教教団とか宗教者の集団、身分的な社会集団といったところに視点を据えているので、他巻とは違った特色が出ているところではないか、というように考えています。

上野　二〇一九年にこのシリーズの編者一同で会議をしまして、巻の構成が決まりました。第六巻で宗教・思想・文化を扱うことになったとき、小林さんと私としては、宗教や思想を研究しているとしばしば思うのですが、何か境目が設けられているような気がしました。それで内容的にはですね、境目を取り払っていくと申しましょうか、他巻とも橋渡しできるような内容にしたいですね、ということで小林さんといろいろ打ち合わせをして進めてまいりました。ところが、他巻でも結構橋渡ししてくださっていることに途中で気づきまして、松井さんがまとめてくださった多様性と関係性というところに関わってくるかと思うんですが、やはり一つひとつの事例を大事にしつつ、その事例が全体のなかでどういう位置づけになって、他の事例とどうつながっていくのかということについては、かなりみなさん注意して論じてくださっているのだと感じました。

第六巻も、こういう内容にしたいという目標があって執筆者の人選をしたのですが、ズレが生じるんですね。さらに原稿でもまたズレが生じるというという制約もあってですね、やはり包括性という部分では難しかったというのが、率直なところです。確かに蘭学や国学の問題もそうですし、あるいは食文化とか、住居の問題もそうですし、芸術の分野だと、例えば音楽はどうなんだとか、いろいろと取り上げられなかった事例は多いように思います。

ただ一方で、とにかく分散的な内容にしないというか、バラバラにしないということは、小林さんと私の間ではかなり共有しておりました。小林さんの場合は、身分制社会論をベースにして横断的に把握するという姿勢が強かったように思います。私の方は、どちらかというと思想や信仰の内容を関連づけようという意識でおりました。そのような形で、なるべくいろいろな事例を横断的に関連づけて論じたいという意図をもって、編集や執筆にあたったつもりです。そういう意味では、「見通す」ということに関わっては、横断性とか、あるいはある事例について、新しい考察を進めて筋を通そうというような透徹性みたいな意味で、そのような方向性については、ある程度自覚して取り組むことができたのかなと思っています。

松井　書評をするというのは、すごく批判をしている感じにとられてしまうのだけれども、私は、ここここがつながっているので、こういうふうにみてるんだね、という点を含めて報告をしたつもりです。それをいろいろ確認してくださったと思います。通史編についていうと、さっき小野さんと荒木さんがおっしゃったことがプロローグになっていたら、つまり「大御所時代の終わり」だったり、ペリー直前の姿というのはこういうものであった、だからちょっと突っついたらバタバタ壊れていくような状態がその時点で現出していたんだ、ということを一言入れておいたら、よりみえやすかっただろうなという気がしました。

あと、第四巻と第五巻がつながっているなというのも、それがどうということではなくて、すごく一つのものとしてみえたなということです。第六巻については、端折りの言及になってしまいましたが、みなさんとても全体性を意識しておられたと思っています。

「見通せたか」という問いがありましたけど、扱う内容とか、その人の実証のしかたによって、どこまでそれが表面に出るかは別として、見通す努力をものすごくされているという意味では、私はどの論考もみなさんが非常に編者の意図を汲んで書かれていたように思いました。

2　三ツ松書評をめぐって

吉村　まず、三ツ松さんが一番大きな問題提起をしておられる、「見通す」という意図がどのように貫徹されたり、編者の間で工夫されたかという点について、小野さんから一言いただけますでしょうか。

小野　そもそもこのシリーズ名は、最初は「シリーズ日本近世史」といっていたので、「見通す」ってのは後からついているわけなんですけどね。そうはいっても、もやもやした状況にあるよりは、より全体がみえるように展望したいと思っていたので、そういった意味では「見通す」といってもいいのかなと思います。例えば一貫性とか整合性っていうのを、とくに三ツ松さんは通史の部分に求められているかと思います。で、逆にテーマ編の方はばらけてもしょうがないみたいな感じの受け止め方だと思いますけど、そういう言い方でいうと、通史編もある程度、ばらけてはいるわけなんですね。個人の関心を活かして書いていただいているということで、そこに編者が強力な介入をするっていうことは、全然していません。そういう感じの講座にしているわけではないので。ただ「パイプづまり問題」と私が引用して書いた（「日本近世史を見通したい！」）ことについては、さすがにこれで解消されましたとは思っておりません。新しくいろいろな課題が発見されて、その解消にさらに努めなければいけない、ということは以前よりクリアになったのではないかというように考えています。

研究姿勢みたいなことで言いますと、個別にみなさんがそれぞれの問題関心に従って研究するというのは当たり前のことで、それを近世史の全体像にどう位置づけたらいいかというのは、プロとか教育に携わっている人間であれば、必ずその全体のなかでの位置づけというものを考えるわけなので、それがない論考というのはないはずです。必ず、何らかの形で、それなりの全体像を持っていると、そういうことではないかと思います。それがうまくいっているかどうかは別問題ですし、まあそれぞれ別なことを考えているということもあるかもしれませんが、そういった意味で、〝なんにもわかりません〟ということにはなっていないはずです。研究史のとらえ方とか、個別には異論はありますが、とりあえず全体的な議論としては以上といたします。

吉村　三ツ松さんにお答えいただく前に、巻数順ではなくて結構ですので、まず各巻の編者の方から。

村　第二巻『伝統と改革の時代』については、私の論考（第1章「将軍専制と社会」）を具体的に取り上げていただいて、そこに問題点がわかりやすく集約されて表れているというご意図だと思うのですが、ちょっとだけ個別論考の言い訳をすると、最初はこれ、「元禄の社会と文化」みたいな割り当てだったんですよね。いろいろ構想したんですけど、史料がうまくみつからなかったので戦線を下げていって、結局三井《みつい》論になってしまいました、という言い訳です。

評者の方々からすると、当然刊行の趣旨というか、「見通す」というタイトルから点検される、ということになるのはもちろん当然で、そういう意味で、「見通す」という企画全体のオリジナリティの大きさ、個性ってどこにあるのかという点は、確かにもう少し必要だったかもしれない。ただ、現実的にはそういうようには進行しなかった。コロナがなければ、もう少しできたとは思うのですが、個別細分化の現状を超えるための工夫レベルまで落として、巻をまたいですり合わせるってことは、それほどしていません。もともとそこまで特定の共通のアイディアがあって、それをもとに編成した企画ではないという面と、コロナ禍で制約されてしまったという両方がある、と思っています。確かに「従来の研究成果を集成する」と、刊行の趣旨の最初のところにそう宣言しているのですが、いろいろな狙いのなかでとくに重点を置いたというものでもなくて、そこまで強く各論文の執筆者に、編者として要求はしなかったとは思います。

吉村　必ずしも、通史編は一貫して政治史で、テーマ編は個別という意図で書かれたわけではないと思っております。ただ、大学で学生に薦めることを考えたときに、おそらく通史編よりもテーマ編の方が受け入れられやすいのかな、というところもあります。このシリーズ全体として読んでもらうことが、読者の立場からするとなかなか難しいのかなと思うところもありました。

また、思想史や学問について、第二巻では小関悠一郎さん（第6章「「改革」文化の形成」）と私の論考（第7章「学問の場でつくられた対外認識」）がありますが、思想の内容にまで深く踏み込んだとはいえないところもございまして。「学問というなら、水戸学《みとがく》・国学なども見通すべきだ」というご指摘は、もっともではありますが、第三巻や第六巻のみなさんの原稿とあわせて読むと、こういうつながりがあったんだということが、みえてくるかと思います。

これまでの「見通す」という意図や、編者側からの介入、個々の論文の調整という点に関して、他の巻の編者の方から何かございますでしょうか。

小林　第六巻は『宗教・思想・文化』となっているのですけれど、もともと七巻構成で宗教と思想を分けるという構想もあったのですが、結局こういう形で一巻にすべてまとめております。結果的にこうなったことをふまえて、論を立てているところがあると思います。そういった経緯もありまして、水戸学・儒学・洋学・国学などの研究成果の到達点をふまえた立論というところまでは踏み込めていないですね。第二巻の小関さんと吉村さんの論文、とくに吉村さんのは後半で儒学とか洋学にふれているわけですけれども、第六巻が足りない分を他巻で補っているということはご了解いただければ、と思います。

三ツ松さんに書評していただいて、改めて「東アジア全体を視野に収めた近世論」のあたりを、もうちょっとふまえてもよかったかなと思いました。それぞれの地域での儒学の位置づけとか、あるいは書評でふれられている「近世後期における朱子学《しゅしがく》の役割」の問題とかですね、そういったところは確かにふれておくべきだったかなと思いました。そのうえで、日本の場合は儒学が近世社会で定着するということは一つの大きな歴史的動向としてあるのですが、他地域に比べれば仏教の比重が高く、いろんな仏教諸宗派や儒教・国学といったような多元性があるところは特徴としてあると思うので、そのあたりの「東アジア近世論」の枠組みについてはちょっとふれておいたほうが確かによかったのかなと思ったという次第です。

岩淵　まず、今回のシリーズのモデルの一つとして、三〇年くらい前に刊行された『新しい近世史』全五巻（新人物往来社、一九九六年）という企画がありました。しかし、あのシリーズには都市の巻がありません。その時期に都市史研究に関する重要な書籍が相次いで刊行されたため（『日本都市史入門』東京大学出版会、一九八九～九〇年、『日本の近世第九巻　都市の時代』中央公論社、一九九二年）、新たな企画を打ち出すのが難しかったのだと思います。そうした意味で、今回の場合、『シリーズ三都』（東京大学出版会、二〇一九年）に関して、やはりオリジナリティを出さなければならないというのが大命題としてありました。

そこで、一つめに、地域社会として、村と都市が一緒の巻の構成となったことを意識しました。「在方町」を依頼したのはまさにそういう意図で、評者のみなさんも酒井一輔さんの「在方町」の論考（第6章「在方町の社会構造と行財政システム」）については取り上げてくださっていて、やはりお願いしてよかったと思っています。また私自身の論考についても、武家地のほか他分野の宗教史、そして村も視野に入れることで、分野史を超えることをめざしました。各論巻としても、都市と村がセットで出ているという点では、成功しているのではないか、こういう組み合わせでやった甲斐があったのではないかと思っています。

二つめには環境史を意識し、髙橋元貴さんにコラム（コラムⅡ「インフラ」）を、渡辺浩一さんに論考（第7章「災害と都市社会」）をお願いしました。対象が江戸に集中してしまったことは編者としての反省点ではありますが、オリジナリティを出せたと思っております。

なお、三ツ松さんは、見通す必要はあると思われているのか、という問いを発せられています。私自身が近世史全体のグランドセオリーみたいな形での「見通す」はできてなかったんですけれども、現代において近世史から何がみえるかというところを問題意識として、志村さんと二人でやりとりしながらこのシリーズのなかでは唯一、プロローグを編者連名で執筆しました。そして、「現状の都市史研究と何か違う論点が出せないか」といったことと、現代からの見通しのようなことを、編者としても執筆者自身としても意識しました。ごく簡単ですがプロローグで一定度の研究史とこうした「見通し」を示したうえで、各論考の研究史上での意義を説明したつもりです。

吉村　これまでのところで、三ツ松さん、コメントをお願いします。

三ツ松　このシリーズは註のついていないスタイルで書かれており、専門書というより、一般の方々向けのものにみえます。そして「刊行にあたって」を読むと、研究史やさまざまな時代状況について、これを読んだらわかる、というものを提示するシリーズとして組まれていますよ、と。そういう趣旨だと思わされたわけです。だけど実際には今、普通の研究シリーズもの・講座ものですよ、と白状されたように感じました。そういわれると、（狗肉が羊肉より悪いという話ではまったくないのですが）羊頭狗肉《ようとうくにく》ではないですか、という気もしてきます。

中身がいいっていうのは、最初に小野さんがおっしゃられた通りだと思いますが、例えば史学会シンポジウムをまとめた本に註がついてないものを読んでいる気分になるような巻もあり、すごくレベルの高い個別命題の論証をしている論文がいろいろ入っていますよね。そのうえで、通史の巻の方は通史の巻の方で、途中に穴が開いている。すべての講座ものに対して何か一定の方向性を持つことを求めるべきだとは思いませんから、言い過ぎはしたくないんですけれども、やっぱり、穴を開けないようにすること、最低限の知識を広めるために紙幅を使うことの方が、歴史家として自分らしい歴史研究をみせることより大事だ、という姿勢がないと、冒頭に掲げられた課題は達成できないんじゃないでしょうか。これが、自分の主張なんですね。「刊行にあたって」で掲げられたように、一般の方々にも読みやすい形で、現在の諸研究の到達点について、総合して見通せるようにしたいのであれば、普通の講座ものと違う工夫、そのための編者の介入が必要だったのではないでしょうか。普通の講座ものとして学術的水準を担保したいとしても、議論の包括性を求めることの方が、多くの人にいい最新の研究を書いてもらうことよりも大事だったのではないでしょうか。もし、最初に掲げているのが、本当にこのシリーズの目的なら、の話ですが。実際のところ、みなさんどこまで、そういう「見通す」ものとしてつくる気があったんでしょうか。最初から講座ものの類として自分の独自論点を出すつもりで書いていた人が多かったのだとすると、もうちょっと編者が介入してもよかったんじゃないかな、というふうに僕は思った次第です。

小野　文章とか内容理解に関しては、「ものすごくわかりやすくしてくれ」とは再三いっております。なので、文意とか内容が難解にすぎる、っていうシリーズにしたつもりはないです。最新の到達したところをわかりやすく書いてくださいっていう依頼をしていて、これは確かに技が必要なので、場合によってはできてないといわれれば、そうなのかと思いますけれども。

多和田　今、三ツ松さんのいっていることは、まったくの正論だと思うのですが、そのなかで第五巻『身分社会の生き方』に関していうと、個々の身分集団とか、対象に限定したタコツボにならないようにということを、かなり意識したつもりです。もちろん具体的に対象なり集団なりを取り上げて、そこで掘り下げて叙述をするという基本のところは外さない。それはそうなんですけれども、身分に関する刊行物はこれまでもたくさんあって、そこでももちろん意識されていたことだとは思うんですけれど、今回この巻をつくるにあたっては、牧原さんと相談しながら、人間の生き方というもの、人間がどのように生きたかということを、身分の問題とからめつつ、深く掘り下げた論考にしてほしいということを、編者の私と牧原さんでかなり何回も目を通して、個々の執筆者の方とも議論して、注力したつもりです。三ツ松さんに「胸を打つ」と書いていただいてありがたいのですが、人間の生き方について追究するという姿勢は、人文学の基本中の基本だと思っていて、個々の限られたフィールドなり、集団のなかで人間がどのように生きたかを叙述するということ、それだけでなにがしかの普遍性はあるんだという確信のもとに編集を進め、自分の執筆をしたという信念を持っていますので、コロナ禍であろうがなかろうが、それは変わらない、コロナ禍にならなくてもこうなったはずだと思っています。

逆に、議論のやりとりを聞いていて思ったのが、三ツ松さんの書評三七頁の「個々の論考で「近世史研究がこれまでに到達した見地」を示し、それをふまえた当該分野の「見通し」を伝えるべきではなかったか」と書いてあるんですけど、じゃあ、なぜあなたはこのように思うのですか、ということが気になりました。もっと抽象的にいうと、あなたは、どんな立場でこれをおっしゃってるんですか、ということが、ちょっと引っかかっていたので、逆にそこがわからないと話が深まらないかなと思います。

三ツ松　第五巻のプロローグに書かれている、人間は何のために生きるのか、人の生きる意味とはどういうことなのか、ということを歴史的過去と重ね合わせて改めて考える、そういうところに近世史を研究する意味があるんだ、という最初のメッセージはよく伝わってきています。研究史上こういわれている、という話ではなくて、過去の人々の生の次元から改めて私たちの生をとらえ返す方法の有効性を実感したということは、自分の書評のなかで「それにふさわしい内容を備えた議論は、それだけで読者の胸を打つ」という言い方で書かせてもらいました。吉元加奈美さんの論考（第6章「大坂・堀江《ほりえ》新地の茶屋と茶立女《ちゃたておんな》」）など、泣きそうになりながら読んでいました。他の論考についても、人々の生き方について、具体的な描き方をしなかったら伝わってこないものがあること、よく理解できます。

では、なぜ「近世史研究がこれまでに到達した見地」とそれをふまえた当該論考なりの「見通し」が伝わる形で議論を展開してほしかった、という話をしたのか。それは今回の書評が、シリーズとしての研究動向について扱うようにという依頼に応えるものだったからです。多和田さんがおっしゃったような、丁寧な編集意図がこの第五巻のなかに貫かれているとは思うんですけれども、全体の編集意図、シリーズ全体ではどうみえますか、といわれればこうなります、という話です。個別の巻において、重視された点についてもよく伝わってきてはおります。

多和田　シリーズ全体のなかでどのように位置づけなければいけないか、説明が求められるのはなぜなのでしょうか。

三ツ松　それが私の書評に与えられた役割だったからです。シリーズ全体に最初に掲げられた意図が通っていますかといわれたら、それは一貫していないのでは、という評価と、個々の論考、個々の巻がめざすところは輝いている、ということは矛盾しないと思います。与えられた注文に即して書評している、ということです。各巻が大事だとしていることが、その内容に反映されているという点については、それほど評価は乖離《かいり》していないと思っています。

牧原　三ツ松さんは学説史にこだわりが深くて、先行研究との関わり方をもっと明示した方が読みやすいと、理解しやすいというタイプの考え方をするわけですけれど、多和田さんはもう少し生活感覚とか、人間としての直観みたいなものでそのまま読める本だということをおっしゃっていて、問題は一般読者の方々がこれをどういう意識で読まれるのかというときに、書く方としてどういう構えで書けるか、ということで。ただ、多くの人が三ツ松さんと同じレベルで読み解けるかどうかは、また別のことかな、とは思いました。

三ツ松　生活的な実感をこれらの叙述から読み解く場合にも、それなりの近世史の知識は必要だと思います。

牧原　そういう意味では、解説みたいなものもつけるという方法もありえたのかもしれないですね。

吉村　最新研究をわかりやすく、かつ包括的に、というのは非常に難しかったところでして、第二巻に関していえば、かなり幅広く書こうと努力していただいた方が多くて、その結果、編者として知っている、各執筆者の一番おもしろい研究を紹介しきれていないところがもったいないなと思いました。全体性はある程度維持しつつも、著者ならではの研究をなるべく入れていただけるように、というような介入はいたしました。

ただし、私も、学生に紹介するときに、もう一つ解説が必要になってしまったかな、という感がいたしまして、どういうふうに読んだらいいのか、ちょっと難しかったかなと思います。

最後に三ツ松さんから一言お願いします。

三ツ松　今、総合的な講座もの・シリーズものをどうやってつくるんだ、これよりいいものがつくれるか、となると、なかなか難しいんじゃないでしょうか。その意味で、学生さんにまずお薦めするものとして、とらえているところではあります。ですがやはり、自分としては、「刊行にあたって」の主張を全体コンセプトとするシリーズとみて、今日はきていたのです。「刊行にあたって」を読んで、研究史上の達成点について一般の方々でもわかりやすく読めるものとして、整理された議論を提示する、それによって見通しが示されるものになっている、というように企画の意図をイメージしたけれども、むしろこれは、いまの世代の一番優れた研究者のなかに数えられる方々が、一番頑張って書きたいと思ったことを書いた、普通の講座ものなんですよと、そういうお返事が戻ってきたものとしてうけとめました。

他方、岩淵さんの「現代において近世史から何がみえるか」、そこが大事だ、というお話については、その通りだと思っておりまして、書評の三七頁のところでも書かせてもらった次第です。私たちが歴史全体をとらえるときに必要なこと、現代を考えるときに重要なことが見出せることを軽んじているわけではないことを、補足させてもらおうと思います。

3　横山書評をめぐって

多和田　自由にご発言いただいて、横山さんに適宜聞いていていただければと思います。

横山　第三巻『体制危機の到来』ですが、大御所時代のところはやっぱり難しいと思いました。

小野　難しいってことはないいんじゃないかと思いますけれども。前提としましては、近世政治史の研究は、なぜか縁戚関係をあまり前面に出さないところがあるのですが、将軍と大名家の多くとが縁戚でつながっているというのは、ほぼ常識に属すると思っていて、三宅正浩さんの「縁戚関係の広がり」という指摘（第一巻第3章「幕藩政治の確立」）は〝大発見〟というのではなく、それを改めて位置づけ直したという方が妥当なのかなと思います。大御所時代については、徳川家斉の評判が非常に悪かったということが大きくて、藤田覚さんとかがそういう書き方するときがありますけれど、側室が四〇人、子女を五五人儲けているというので、こんなに子どもを儲けて女色に耽って、といったやや一面的な評価が、通史叙述に反映されてきたのも事実だと思います。それでも、婚姻戦略という面でとらえ直すという考え方は、最近出てきているのではないかなと思いますが、その場合、その戦略でもどの部分が主導権を発揮しているのか、実父の一橋治済なのか、そこがまだ明確になっていないかもしれません。

幕末政治史でも、縁戚関係の存在は非常に重要だったと私は思っています。ある程度、政治的関係を結びたいと大名が考えた際には、すぐさま縁戚関係を形成しにかかる、という行動をとるのではないかと。例えば、一橋派対南紀派《なんきは》という構図のときには、守旧的な南紀派と、先進的な一橋派などと語られがちですが、どちらの党派についても縁戚関係でつながって行動していますし、水戸の徳川斉昭《なりあき》がやったことは自分の子どもを多数、他の大名家に押し込むということですし、やってることや行動原理は同じと考えた方がよいと思います。

横山　単なる縁戚関係というのではなくて、結婚や養子といった家と家の関係をつくっていくことで、幕府と大名の実利的な関係や権力のあり方がどう動いていくのかというのは、とても重要なのではないのでしょうか。

小野　もちろんそうで、大名家の研究では「賄賂的支出」とよくいっていますが、縁戚になるともうこれはグレーを通り越して、ごく当たり前のことになるわけです。援助して当たり前の関係をつくるということが、やはりこの時代に合うという。

横山　女性史のほうでも、畑尚子さんが紹介した「風のしるへ」という史料をみると、大奥女中《おおおくじょちゅう》だった森山孝盛《もりやまたかもり》の娘いさが島津家《しまづけ》との取次を行っていて、島津家の長崎での貿易禁止という重大な問題に直面したときには、「何とかしてくれ」とかいう島津側からの手紙を取り捌《さば》いてるわけですね（『島津家の内願と大奥―「風のしるへ」翻刻―』同成社、二〇一八年）。ただ、そこから先、政治史とつなげてリンクさせる作業は、大奥研究の側からもまだ積極的な提起には至っていません。実態はどうだったのか、史料はどこにあるのかが明らかになったという段階です。でもその史料を読む限りでは、島津にとってはちょっとというより、相当重要な手づるだった気がします。島津にとって長崎での貿易は相当重要だったんじゃないんですか。そういう政治史上のバランスのなかで縁戚も位置づける研究、さらにいえば幕藩体制のなかで大奥や奥、家と女性を位置づける大御所時代研究ってないのかなと思います。第二巻の小倉宗さんの論考（第2章「将軍吉宗《よしむね》の改革政治」）で、「徳川第二王朝」と呼んでおられるような八代将軍吉宗の強力な将軍権力のあと、九代以降の弱体な将軍を経て、家斉やその父の一橋治済（どちらを重くみるのか私はわかりませんが）、かれらが権力を維持するうえで何に依拠するのだろうかと思います。将軍の側からみても大名の側からも、子どもの数や強い縁戚関係は性的嗜好にとどまらない重要なファクターだったということはないのでしょうか。徳川家斉が子どもをつくるのも、もちろん性癖もあるけれど、必要もあって、ということもある気がしています。頑張らないと幕府が弱くなるからっていう……。

荒木　三宅正浩さんの指摘については小野さんと同感です。いわゆる武家社会を前提として研究している側からすると常識なので、さっき三ツ松さんが「感動した」というところに驚きました。それがずっと続いていて、三宅さんが扱った時期よりもっと昔、戦国期からあると思いますが、女性含めた形で「家族」ですよね、それがずっと続いていて、前面に出たのが家斉の大御所時代というのは間違いないと思います。その場合、単に縁戚関係があるからというだけでは済まないものがある。簡単にいってしまうと、当時の大名や武家は奥さんが、正室、側室、その他の関係を持つ女性、いろいろありますよね。すごく俗な言い方をしてしまうと、好きな人と、そうでもない人というのが、露骨に分かれています。

家斉の場合には、側室のお美代《みよ》の方《かた》（実父には諸説あり。溶姫《ようひめ》〈金沢藩主前田斉泰《まえだなりやす》室〉、仲姫〈早世〉、末姫《すえひめ》〈広島藩主浅野斉粛《あさのなりたか》室〉の生母）のことを圧倒的に愛していると思います。そのためお美代の方の、また俗な言い方をすると、「お願い」というのを聞いてしまって、それ以外のことは露骨に聞かない、というのがよくわかると思います。当時の政治は間違いなくそれにもとづいて動いている部分があります。

家斉と一橋治済との関係についても、治済が実父だからといってしまえば終わりですけれど、なぜあそこまでいうことを聞くのかといえば、治済の政治的実力なのかもしれないですし、単に家斉と治済が気の合う親子だったのかもしれない。大御所時代研究のおもしろいところは、俗な部分ですね。でも今の人間も、そういうふうに生きている部分がありますしよね。それがみえてきて、そのことが政治に大きな影響を与えている時代だから、というところがあっておもしろい。

次に、大奥の位置づけということですけれども、単に大奥といっても、制度・組織から大奥をみることもできますし、そうではなくて、特定の個人、男女関係というか、家族関係をみることもできるわけです。一例あげますと、家斉には子どもがたくさんいて、子どもが縁組するときに、紅葉山《もみじやま》文庫にある本をあげたりするんですね。「これを婿入りのために持って行け」といって渡すのですが、原本をあげている息子と、新しいものをつくらせて渡す息子もいる。何が違うかわかりません。家格の問題かもしれないし、本当にお気に入りの息子なのかもしれない。あげる本も違うので、「お前にはこれだ」と意識している可能性も否定しきれない。学問っぽくないことを組み込めるのは大御所時代の研究だと思う。

私が大御所時代の特質だと思っているのは、あまりきちんとしていない政治をしているのに、ギリギリ回ってしまった時代。起こっている問題を後回しにして、家斉が「そんなことより俺はこいつが好きだ」で、なんとかなってしまった時代が大御所時代という時代の特質で、そのためにずっと溜まった問題を解消しようとするのが天保改革なのではないか、と思っているのですね。いずれにせよ、大上段に構えた政治論議・政治政策ではない議論を進めるのは、大御所時代の方向としても有効だとは思いますし、実態を明らかにするにはそういうような方法しかないだろうなとは感じています。

横山さんもおっしゃっていましたけど、賄賂を誰に何を送ってるのか、家斉が何で情実を交えてこんなことをするのかというと、たぶん賄賂が欲しいのだと思います。お気に入りの鳥が欲しいなというと、その鳥を持ってきた者を優遇するとか、露骨にやってるんで、そういう時代だということがわかる。山本英貴さんの論考（第3章「「大御所時代」の幕藩関係」）はそうだと思いますけれど。幕府政治というのは別に家斉期に限らず、そういう側面が強いのではないのかと思うところはあります。政治家として立派な人だから成功しているという考えではなくて、もう少し「人」として江戸時代の政治家をみるのが、政治研究のうえで重要なんだろうと考えているところはあります。

横山　表に公的な政治があって、家族とか「俗なところはちょっと」学問ぽくないという見方自体が、公領域と私領域を峻別する近代の社会観にとらわれた見方なのではないでしょうか。近代社会では、性やセクシャリティは私事中の私事として意識されますし、俗なこととして処理されるんだけど、近世はそうではない。もちろん俗の部分も「人」の性格もあるけれども、性やちょっと気持ち悪いような欲望も、全体の公的な領域と一体化して政治的意味をもっているのではないかなと思うのです。それは、実は遊廓《ゆうかく》研究をやってみえてきたことなんですね。遊廓は、性欲の捌け口で遊びに行く個人的嗜好の場であると同時に、百姓が闘争するときにも遊廓を使うし、それから遊女の序列化が客である男性の序列意識も作り出す。村さんが明らかにされたように、大店《おおだな》の奉公人の管理にも使われます。やはり性の問題も、社会に組み込まれれば、社会を動かす要素の一つになる。俗にみえる問題も、ちゃんと研究でやってみると、見え方が変わることもあるのではないかという気がしています。

小野　見直すと、権力体が「家」である、ということの性格が如実に現れていて、家族とか、性とかいうのが権力に如実にビルトインされているから、そのような現象がおこるのだと思いますけど。

横山　そういう見地からの政治史は、まだこれからなんでしょうね。

多和田　第六巻『宗教・思想・文化』のプロローグのところの、個人の技芸の話題について、横山さんが言及されてるところがあります。身分集団論では解けない、一人ひとりの技芸や能力という、これは宗教・思想・文化・芸能という切り口から身分というものをみたときに、とても大事な視角だと思います。

小林　儒者がなぜ身分集団化をしないのか。もちろん儒者は儒者としての能力をもっているのですが、「儒」は職分ではないというか、職分であってはならない、という建前があるので、そもそもその儒学という思想の性格に起因するものが大きいのではないか、と思います。つまり、「物読み儒者」であれば身分集団化の可能性がありますが、多くの儒者は「物読み儒者」という特定の職分に特化した存在としては自己認識しておらず、むしろ統治者はみんな「儒」であるべきとする理解があるため、そもそも思想の性格と身分集団化するかどうかは、関係しているのではないでしょうか。

あと、個人的な能力を職とする人と、和歌などを素人として享受して深める人という違いもあると思います。

多和田　確かにあまり注目されてこなかった論点で、横山さんのお話しを聞いてなるほどと思いました。第六巻のようなテーマは、可能性は感じた。

小野　なぜ身分論の文脈に乗りにくいのか、ということについて、私も昔から考えているのですけども、一つは吉田伸之流で考えての社会の編成のあり方というのは、何にもとづいていたかというと、所有の文脈だったわけですよ（『身分を問い直す』吉川弘文館、二〇〇〇年）。所有論に従って、百姓・職人・商人といったものを分節する考え方だったわけです。そうすると、こういう技芸とか、能力に則っている人たちは何を所有しているのか、という話になり、結構強引な話になってくるわけですね、宗教者とか。これは勧進《かんじん》から分岐してできたのではないかとか、やや説明が苦しくて、その後、展開が難しくなる分野だと思います。なので、それはそれとして所有論で裁断しにくい実態として認めて、普通の身分集団論で処理しにくいものとして、身分的周縁の一形態としてこういうものもある、というように考えるべきではないかと、私は思っていたのですけれども。

多和田　山川出版社の教科書『改訂版　詳説日本史B』（現在は日本史探究）の江戸幕府の成立のところに、身分秩序に関する記述があります。そこでは村や町といった主要な身分集団以外に、いろんな小さな身分集団があったことにふれられており、儒者・医者・修験者《しゅげんしゃ》などが例示されています。これをどう教えたらいいのだろうと、ずっと考えつつ、いまだによくわかってないんですけれども、今日の話でみえてきたところもありました。今でもあの記述は載っているんですか。

牧原　少し変わりつつ、載っています。改訂の都度、結構細かく修正されています。

小林　話が飛びますけれど、第四巻『地域からみる近世社会』の岩城卓二さんの論考（第4章「「勧農」と「取締」の幕末社会」）は、石見国の銅山師の堀家《ほりけ》を取り扱ってらっしゃいますが、その堀家文書の調査を一緒にしたときに思ったのは、最初銅山衆が当然銅山経営で儲けてるというイメージを、多くの人が持っているようですが、どうも実際にはそれは難しそうだと。

ある程度、銅山経営で儲けると金融に経営の重点を移して、大きくなっていくのかなと思っていますけれども、その説明がなかなか難しい。身分の問題もありますが、おそらく銅山開発と関わって、御貸付金、つまり公的な貸付金の運用に自己資金を含めて運用していて、そこで多分蓄積しているように思います。公的資金にからめるというのは、お金に身分をつけるようなことですので、それで回収率が高いというのは、おもしろいところですね。

あと、石見銀山附幕領の港の改修費用を、返してもらうという前提で幕府にいったん出すのですけれど、やっぱりおあげします、というのがあったんですよ。ただ、それを幕府の側がいろいろなところの資金に回していて、関東の河川改修の貸付金に回そうとするときに、自分が差し上げたお金だと、自分の名前を残してくれというのです。そういう感じで、いろいろなところにお金を使って名前を残してほしいという。お金に名前をつけろというのも見受けられて、そこらへんも、おもしろい。

吉村　第二巻『伝統と改革の時代』についてご指摘いただいた、通史編の内容が武家とその周辺になっている、というのは、おっしゃる通りです。小関悠一郎さんの論考（第6章「「改革」文化の形成」）ですと、武家が理念ばかり追いかけた結果、どのように民衆に受け止められるのかということ、つまり片側から照らした結果、こういう影が出てくる、という書き方になっていると思います。相編者の村さんとお話しして、第二巻が対象とする時期では、田沼《たぬま》時代に国益政策などが重視されるということは、エピローグのほうで入れましたが、第二巻全体を通して、本来は産業や生業というところを一緒に書くべきところだったのにふれられなかったという反省点はあります。

それで、ちょっと余談になるのですが、「研究者も時代の子」というご指摘から言いますと、やはり書く側の体験としても、地に足がついていない分野があります。例えば、農業を自分で体験しているわけではないので、学生に教えていても、籾殻《もみがら》を取り除いて精米する「舂《つ》き米《ごめ》」という言葉などを、実感をもって伝えられないという問題があります。第二巻で扱う内容に関しては、自分の視野の狭さもあったと思います。

小野　横山さんへの逆質問的になってしまいますけれど、社会史の通史というのは存在していないのではないかと思うのですが。

横山　武士とその周辺の政治史ではだめで、だから社会史の通史が必要だ、といっているわけではありません。もちろんやってくださる方が現れればいいんですけれども。吉村さんがおっしゃったように、現実政治でいろいろ困ったことがあって、もちろん政治家同士というか、武家社会のなかだけで対立したり理念が走りすぎたりといったことはあると思うのですが、武士は、究極的にはどうやって治めていくか、統治がうまくいくかという形で、いろいろな社会的な矛盾と否応なく向き合わざるをえないわけですよね。今、吉村さんがおっしゃったように、要は武士からみた、ということですけれども、武士が向き合う社会の部分というのがもう少しきちんとわからないと、上の方だけ切り取って、ここから上のことを描きますというような武士とその周辺を描く通史的な叙述になってしまうかなと思って。

そう考えると、社会のことを上層の商人とかだけでなくて、もうちょっと周辺とか、踏み込んだ叙述になるということが可能ではないか、かつてそういうことをめざしていたのではないかと思います。

小野　人民支配の実現とか、民衆統治のところの、そこの厚みが欠落しているということですね。

横山　端的にいってしまえばそうですけれど、身分的な中間層《ちゅうかんそう》から単身者までいるわけだし、ジェンダー政策が問題だったのかもしれないし。人民だって一色じゃないということが、この間にすごくよくわかってきたわけですよね。そういう複雑さに踏み込んで、どこに視点を当ててきたのか、当てていくのか。難しい課題だとは思います。

村　本来は、政治の場みたいな話題を書くときにも、為政者たちが何を課題だと思っていたのか、もう少し書き込まないといけないですね。例えばかなりやる気と能力のある改革者の政治であれば、その視野のなかに、列島の問題のかなりの部分が広く入ってくる可能性があるけれども、牧原さんも仰っていた、いろいろな問題を見渡して政治をしなければいけない為政者というものの色が、実はあまり出てこなくて、むしろ狭い武家社会のなかの話になっている、というご批判だと思いました。

第二巻のプロローグに少しだけ、開発が頭打ちになって災害が増えるとか、全体的には基本的な課題は、本当に簡単にいえばこういうことだ、と書いたのですが、もう少し何に対応しようとするからこういう政治なのか、ということを考えて執筆しておけばよかったと思いました。

上野　第六巻『宗教・思想・文化』の編者・執筆者として、ジェンダーの問題はきちんと意識して、具体的な記述にいかしたいという意識は持っていたのですが、やっぱり自分できちんと史料にあたって、それを正確に読み解いたという経験・実績がないと、うかつに手を出してもだめだと思っております。

先ほどご指摘いただいた、原淳一郎さんの論考（第7章「近世の寺社参詣とその社会的影響」）の「女性は、若いときは月経によって長旅が難しい」というところも、編者として原稿を読んだときに「ん？」とは思いました。でも、そういうこともあるかもしれないなと思って、読み進めたことを思い出しました。

横山　「若い女性の長旅が難しい」云々は、子育ても含めれば、確かにそういうことはあると思います。でも柴桂子さんが若い女性も含む旅の記録を二七〇も集めていて（『近世の女旅日記事典』東京堂出版、二〇〇五年ほか）、日記を残している者も入っているので、月経の有無で切ってしまうっていうのはどうかなと。でも、実際に取り組もうと思うと、第五巻『身分社会の生き方』所収の多和田さんの論考（第2章「百姓と商人の間」）のように、やっぱり深い研究蓄積が重要だと私もつくづく思います。蓄積の上に、ブレイクスルーにつながるところがみえてくるのでしょうね。

今回のシリーズを通して、そういう芽は、いろいろあったのではなかろうかと思っております。かつて、綱川歩美さんの報告で、学問世界のなかのネットワークにどう女性が関わっているかという、すごくおもしろい話を聞いたことがありますが（「近世前期、武家社会における儒学受容の一齣―闇斎学派の異姓養子論をめぐって―」『東京学芸大学紀要　人文社会学系』七

五、二〇二五年）、自分が取り組もうと思ってもきっとやれないので、さらにいろいろな方にさまざまな分野の研究をしてもらえると嬉しいですね。というより、歴史教科書をみても、ジェンダーに関しては残念ながら日本史だけ完全に置いてけぼりになっている感じですよね、現状はもう。

多和田　先入観に囚われて誤読をしないようにするという態度がやはり基本で、外してはいけないということを、改めて肝に銘じました。

4　菊池書評をめぐって

牧原　書評の前半は現代的な課題というか、菊池さんなりのうけとめられ方で、後半は災害・環境や戦争の話、そして最後に民衆史への期待ということで終わられていますが、折角なので災害史のうけとめ方をお聞きするのもいいかなと思います。

菊池　災害を研究に組み込むときに、各執筆者はどのような課題意識をもって臨んでいるか、第四巻『地域からみる近世社会』の渡辺浩一さんの論考（第7章「災害と都市社会」）を拝読したときに、連続複合災害という観点、とても明確だと思いました。あと、おもしろいと思ったのは、コラムの髙橋元貴さんの江戸の堀川《ほりかわ》の話（コラムⅡ「インフラ」）。あの少ない枚数で、堀川の役割と維持についてよく問題をまとめられたなと感心しました。

あと、第二巻『伝統と改革の時代』のコラムの佐藤大介さんの文（コラムⅠ「一七～一八世紀の気候変動と仙台藩」）については、最後の部分ですが、少しわかりにくい印象を持ちました。「現代社会の価値観にもとづく「教訓」を得られるような史実やデータを抽出することにとどまらず」とあって、「現代社会の価値観」とはどういうことがイメージされているのか、また教訓を得ようとすることが、その前後の文章とのかねあいで、ややネガティブに書かれている印象をうけたのですが、みなさんどうですか。

牧原　これは、文理融合とかの研究で、それに都合のいいデータとかを提供することが歴史学の役割だ、ということになっていて、それに対する違和感って感じじゃないですか。

村　直接的には、佐藤大介さんのコラムは、最初に中塚武さんの本（『気候適応の日本史』吉川弘文館、二〇二二年）をあげていて、共同研究（総合地球環境学研究所「気候適応史プロジェクト」）で歴史学に一応期待を示してくださってありがたいということを書いたうえで、一方でどうしてもこうした大プロジェクトは「役に立つ」ということを強調する面もあるので、気をつけなければいけない、というご趣旨だと思います。

荒木　それに関連してですが、歴史地震研究だと、地震学のほうはデータが欲しい。そういうもの以外に歴史研究でどれくらい踏み込んでいくべきなのかとか、それとも歴史学の人がするような災害研究のほうも重視すべきなのかとか、そのバランスというのかな、こんなふうにやるといいんじゃないかというものがあると、役に立つように思います。

菊池　この席上、総合地球環境学研究所（地球研）に関係している方が、わりとおられますよね、私もプロジェクトに入っていたし。近世の気候変動について温暖期・寒冷期を繰り返したといっても日本列島全部を一括りにせず、地方ごとに別に考えないといけないと思ってきました。南九州と沖縄のデータは、本州とは違っているようにみえましたし、北日本の年輪気候学のデータ、根室《ねむろ》のものだけでなく、東北地方のものもあればいいなという期待がありました。それはともかく、あのプロジェクトで研究代表の中塚さんがとても意識していたのは「社会的応答」ということで、そこで対話ができたとは思うのです。そうしたなかで温暖期への関心が生まれました。

今、温暖化が進んでますよね。温暖期になると、冷害をうけてきた北日本では農業の生産が上がって有利になる、と一般的には考えられるでしょう。決してそうでもないのです。温暖期になればなったで、例えば今年（二〇二三年）、長野ではリンゴとか、新潟では米が高温障害をうけ、北海道だって温暖化の影響をうけて水害になったり、非常に不安定になってきています。米作りは、今まで寒冷適応でずっときていたわけですよね。それが温暖化に対応した米作りも求められるようになるわけです。全体としてCO_2排出を減らして温暖化をくいとめていくということではなくて、小手先の部分で、温暖化に合わせてうまくやっていけばいい、といった議論になってしまうことを恐れます。

データの問題に戻ります。データの扱いは不得手ということもありますが、慎重に構えてきました。損毛高《そんもうだか》（損失高）や年々の年貢量がわかる藩もありますが、人為的な要素が加わりますのでどの程度に信用してよいかという問題が実際ある。古気候の復元に役立つことは役立つと思いますが、数字が一人歩きしていく恐ろしさを覚えます。また、気象災害（冷害）を起因とした天保の飢饉を例にとってみても、同じ東北地方でも太平洋側なのか、日本海側なのかで現れ方は全然違います。また、天保四年（一八三三）と天保七年でも全然違います。極端にいえば飢餓の現れ方は地域・村ごとに違う。そこは人別帳などをみていくと、よくわかるのではないでしょうか。村・家族のレベルまでおりていかないと本当のことはみえてこない。数値化して一般化してみることの危うさがあるのではないのでしょうか。やはり地域史、地域のための地域災害史、というのが一つの基本なのだろうと思います。

岩淵　渡辺浩一さんが地球研の共同研究で知り合った気象学の方と一緒に取り組まれた共同研究でご一緒させていただきましたが、これはよい関係でできた共同研究でした。こちらが史料から読み取った情報を出して、あちらが台風ルートを復元して、実際の被害を文書の記録と合わせてみると、風水害が結構ひどかったという話が、台風の進行ルートと合わせられた。そのときの成果が、このシリーズの原稿につながっています。やはり社会のほうを分析するのは歴史学で、気象的な分析するのはあちらで、それがうまくかみ合うと、よい共同研究になると思うんです。最初はやはり情報を提示していくことになりますが、その先のやりとりが重要なのかなと思います。

菊池　渡辺さんは気象知識を身につけて、自分でも風向きや台風の進路みたいなものを復元しようとしていたんだよね。そういう台風の動きを追いかけておられた。そこまで我々はやらなければいけないのかな。やってこそ本当の対話ができるって感じもしますよね。

岩淵　私は、そこまで勉強していないのですが、かつて勤めていた国立歴史民俗博物館（歴博）の災害の共同研究にふれる機会をいただいておりまして、近年の共同研究では、中塚武さんの研究グループのデータを活用するものが目立つ気がしています。

例えば考古学での例で、さっき菊池さんがおっしゃったことと同じことを感じたことがあります。同じ災害が、社会構造の違いによって地域で対応が変わるのか、集落を放棄するのか、高台に移動するのかどうかとか、環境決定論には陥らないことに留意しつつ、データを社会の理解にいかすのがというのが歴史学の役割になるのかなと。そこでよい関係をつくれればよいのかなと思いました。

文化財関係の仕事で「地域計画」をつくるとき、文化財をストーリー化するにあたって、災害についてはストーリーをつくるか、あるいは災害の話をなくすか、どちらかというところがあります。災害をストーリー化するときというのは、「過去に学べ」ということですが、それがとても単純なのです。過去の洪水の記録でここまで水がきたという記述を信じたら被害に遭った、ということが捨象されてハザードマップがつくられるなど、データが都合よく取捨選択されることも少なくありません（岩淵令治「近世都市鳥取における水害記録と「活用」」『都市史研究』一一、二〇二四年）。歴史学の方で、当時の社会を理解するのにデータというものをどう使うか、というところが重要なのだと思っています。

江戸を美化するときに、いわば「都市不死鳥伝説」というものがあって、都市は災害があっても復活する、という文脈でとくに火災と地震が取り上げられることが多いです。けれども、そもそも都市というのは自然を壊して無理して建設しているることが多いので、水害も発生すると被害が非常に大きいのです。第四巻では水害についても取り上げたいと思っていました。髙橋元貴さんのコラムは、多数ある堀川の浚渫《しゅんせつ》、メンテナンスを頻繁にやらないと都市というものは機能しなくなるという話ですけれども、水害のことと関わって執筆をお願いした次第です。

牧原　菊池さんの書評の後半で、戦争の話もありましたが……。

菊池　第一巻『列島の平和と統合』で、谷徹也さんの論考（第2章「「豊臣の平和」と壬辰戦争」）が壬辰戦争を扱っていましたけれども、秀吉《ひでよし》の戦争が、その意図・背景がどのようなものであったのか、諸説あってこれからも議論が深められていくでしょうが、朝鮮の人々の命を奪い、住む土地を荒廃させ、この世の地獄をつくり出してしまった、このことを基本に据えないと、朝鮮と中国の研究者との対話が成り立たないし、パワー・ポリティクスに陥っていきかねない、そのことを改めて意識させられました。

あと、同じく第一巻の木村直樹さんの論考も（第5章「島原《しまばら》の乱と禁教政策の転換」）、戦争と飢饉のリアルが提示されていました。寛永十六年（一六三九）に島原に入部した高力《こうりき》氏が、無人となった村に積極的に近隣の藩領から離脱した「走り者」をうけ入れたので、現在でも集落によって言葉が違うというのも、一度絶たれた地域の歴史を感ずることができました。

おわりに

小野　近世の政治と軍事ですが、このシリーズでは、近世成立期と幕末だけの話で展開しがちなところを、自分の問題としてどう考えるかということは、突きつけられたように思います。それはそのまま、「近世の〈平和〉とは」ということを考えることになろうかと思いますが、これを共有して論じるというのはなかなか難しいのかなと。ただ、ズームをものすごく引いて世界大にしますと、世界史的にはもう一八世紀から世界的な戦争の渦中に入っているということはあるのではないかと思っています。

その前の世紀までとは違って、ヨーロッパの列強の動向が大きくて、一八世紀までも地球大での戦争はありますけれど、おそらく一八世紀中葉の七年戦争（一七五六～六三年）あたりからそれが常態化してくる。軍事面でのテクノロジーの進展という問題もありますが。これはナポレオン戦争で決定的になって、一九世紀から後になると、何かあると、あらゆる国際社会というものを形成していたところが巻き込まれるというのが常態化し、もともと戦争は政治の一オプションだったのが、常時軍事力で脅しをかけるのが諸国にとっての選択肢に入ってくるというのが、ヨーロッパ史中心での動向と思われます。

一方で、幕藩権力がそこまで世界情勢を把握できていたかというと、洋学の知識とか入っていますが、疑わしいのではないかと思います。私の問題に引きつけていうと、〝幕末の日本はラッキーだった〟という言い方ができるのでは。つまり一九世紀中葉、世界戦争を避けることができた時期に、明治維新で一気に政権交代して身分国家を解消することができたというのは、非常に幸運なことだった。一つ間違えると、列強同士の抗争に巻き込まれて悲惨な目にあったところを、あの時期だったので免れたという理解もできるのではないかと思って、書いていたりします。その条件を外すと、わりと単純な近代化論、日本は非常によくやったので、近代的な条件を達成して成長できましたね、という把握になると考えています。

横山　応仁元年（一四六七）に始まる応仁の乱以降、戦国時代一五〇年を経て、軍人（武士）が日本の〈平和〉を、江戸幕府という軍事政権をつくったわけですよね。世界史的にみると、戦争を繰り返して、軍事的に強固に固められたような社会の性格ってどうとらえたらよいのでしょうか。

実は、今年（二〇二三年）、歴博の共同研究で韓国に行って、日本でいえば地侍にあたるような一六～一七世紀頃の在地の知識人の家が残っていて、うかがったのですが、その家の後ろに山があって、前は広場になっていたので、「これは防衛のことを考えてここに家を建てたのですか」と韓国の方に聞いたら、ものすごく驚かれました。「そんなことをどうして考えるんですか」「考えたこともなかった」といわれました。私は、よく知られた近世初期の伊吹《いぶき》（小山）半右衛門《はんえもん》屋敷（滋賀県長浜市木之本町小山《ながはまきのもとちょう》）のような土塁《どるい》をめぐらし、回りに小百姓や被官《ひかん》がいて堀に囲まれ、軍事的性格も含んだ在地土豪の屋敷のイメージを連想して尋ねたのですが、同じ近世でも軍事との距離感の差を強く感じました。

ところで、遊廓がなぜできたかというのを考えてみると、性的な欲望も男にしても女にしても持つわけですけど、戦国末期から近世初期に遊廓ができるということ自体に、やはり戦国期の性のあり方というものが、どこか反映している気がするんですね。遊廓史研究では、性の売買は昔からどこでもあるといわれることがよくあって、たしかにさまざまな地域や国で行われたと思いますが、近世遊廓の場合は一般的に、お金もあるし遊びたいから性を買おうかとか、そういうレベルの話ではないのです。すごくシステマティックに性も供給してやるというイメージがあり、戦争によって軍事的に組織された国家は、どういう特質を持つのか、ということを、自分なりに江戸の初期にさかのぼって考えています。平和な社会のなかでの軍事の論理という問題は、性の問題だけでなくて、例えば都市がなぜこれだけ大きく発達したのかってことも含めて、考えてみてもいい問題なのではないかと思います。

多和田　今回のシリーズで、いろいろな人が論じているところに広く光を当てていくと、論点が浮かび上がっていくところはある、というようには思いました。

牧原　第六巻『身分社会の生き方』のプロローグの最後に、近世のイメージについて多和田さんが「戦争がなかったという意味では確かに「平和」かもしれないが、そのことと生きやすかったかどうかといったことは別であろう」と書かれたのですが、で菊池さんが「生きづらさ」という言葉を取り上げられ、また、横山さんが今いわれたようなことも、例えば学生に伝えるときに、どういう反応を示すかということが非常に難しいですよね。

興味を持ってもらうために話すことを、ある種ネガティヴに伝えているようにうけ取られかねないわけですよ。だから、自然に「明るい近世」像が蔓延する要素が我々自身のなかにもあって、今の若い人にも読みやすくしようとすると、そういう問題が自然に後景に退いていきかねない。例えば、近世が軍事国家だったということを強調すると、今の学生にはすぐにはピンとこないと思うんですね。だから逆張りの方がどうしても優勢になってしまうのではないですかね。

菊池　軍事国家についてですけれど、元禄からでも一〇〇年以上、括弧つきで、「平和」な徳川の世が続いた。対外的緊張がそれほどでもなかったということもあるでしょうが、その理由ですよね。軍事独裁だけではそれほど長くは持たないでしょうから。

牧原　この続きは全体討論に引き継ぎたいと思います。

III　討論「近世史の課題」

1　近世日本の秩序とジェンダー

小野　それでは、全体討論ということで、私が司会を担当します。さっきの横山さんからの問いかけをもう少し展開できる余地があればしたいと思います。遊廓《ゆうかく》社会の成立というのは、やはり軍事国家の特質として非常に重要であるということで問いかけをされたわけですけれども、それが近世の社会の質に大きく関わっているということですし、そもそもですがスターティングポイントからよくわからないわけですよね。

横山　始まりがね。

小野　はじめにどこが画期になっているかというところから研究しないといけないのかもしれないですけれども、それは城下町の成立を考えるということともイコールですし、ひいては日本の統治者・支配者の特質を考えるということでもあるという巨大な問いかけだったわけなので、できれば、ここからまた再開できたらいいかなと思うんですが。それで、そこについていちばん考えているのは、牢屋の成立の問題も考えられている牧原さんなのかな、と思うのですけれども。

牧原　そうですね、これはわからないけれども、やっぱり城下町の、先ほど遊廓の成立は城下の町方から異なった身分の人びととかを排除して囲う、弾左衛門《だんざえもん》の囲いとか、大坂でも非人の垣外《かいと》にやはり排除するという動きがあって、そういうものはやはりある種の廓《くるわ》であって、排除して囲い込むということに一定の意味があったのだろうとは思っています。

牢屋の話は『山川歴史ＰＲＥＳＳ』（№13、二〇二三年）に書いたのですけれども、これも近世史の特質を非常に反映していると私は思っていて、公儀《こうぎ》の牢屋に入れることと村や町に預けるということはセットになっていて、村や町に預けられない部分が無宿《むしゅく》ですよね。無宿を非人に預けて、それが非人溜めになっていくという。

イエズス会宣教師の記録などには「秀吉《ひでよし》が牢屋を公開した」「牢屋をつくった」という趣旨のことが書かれていて、この間に本（『日本近世の秩序形成』東京大学出版会、二〇二二年）を書いたとき、それはどういう意味なのだろうかわからなかったので、その後ちょっと考えてみたのですが、やはり、近世的な社会集団の形成ということと、「公儀」とか、広くいえば近世的な秩序の成立みたいなことと深く関わっているのかなというようなことを今考えているところなのですが。

横山　非人の排除とか無宿の排除とか、牢人なんかもそうかもしれないですけれども、そういう排除と、女を調達して囲い込む排除は少し違う論理、性的な区分という意味も同時に持っていたのではないかなと思います。

やはり近世ってすごく女性の排除というのが組織的に行われているような気がします。前に歴博で企画展示「性差（ジェンダー）の日本史」（二〇二〇年）をやったときにはじめて気がついたのですけれども、近世のいろんな出版物をみると、『女《おんな》職人鑑《しょくにんかがみ》』とか、「女何とか」といった本がたくさんできるんですよね。中世史の研究者に、中世でもそういう女性を集めたみたいなものはないですかと聞いて、今思えば不勉強で恥をかいたわけですが、「そんな便利なものがあったらみんなとっくに使っていますよ」とおっしゃるんですよ。つまり、中世では男と女を分けるという発想は、少なくとも職業の区分にしても何にしてもない。実際に女性がどのぐらい職業に進出していたのかというのは、例えば「七十一番職人《しちじゅういちばんしょくにん》歌合《うたあわせ》」などでみると、女は三割とかせいぜいそのぐらいですけれども、分けるという発想はそもそもないわけですよね。実態として関わっていれば、おそらくそれが文書なり絵画なりに反映される。

ところが、よく歴博（国立歴史民俗博物館）にきてくれている芸人さんで、展示を紹介するビデオにも出演してくださるのですけれども、ジェンダー展示をみて、「私、どうして女芸人て呼ばれるんだろう」とつぶやかれるんですね。さすがに女流作家とはこの頃いわないですけれども、近世になると、そういう女をくくり出して扱うという発想が社会のレベルで生まれる。

それはどうしてかは身分と家の関係から一応説明はしたし、遊廓も、危険な人あるいは危険な集団を排除するということはもちろんあるのですけれども、それだけではなくて、やはりそれが性的な対象・道具であるということゆえに囲い込むというか、遊女たちがどんどん物扱いになっていく。中世の前半ぐらいまではそれはなくて、自営業者として独立してそれなりに地域で生きている。それが、一五〇年の戦争（戦国時代）を経ると、もうまったく許されない社会ができあるというのはどうしてなのかなと思えば、やっぱり戦争・軍事ということが一番先に浮かんできます。

ただ、そういう性の問題というのは前の討論でもあったのですけれども、表のきちんとした政治史とは違う、ある種の裏の問題という、そういう感覚ってあると思う。でも、そうではなくて、性の問題は特別にくくり出す問題ではなくて、社会の構造のなかで仕掛けられているというか、組み立てられている問題として考えるべきではないか。いま、ウクライナなどでも女性がものすごい性的な虐待をうけたりしているわけですよね。やはり軍事や戦争の問題としてもみていく必要があるのではないかなと思います。

実はこのシリーズをみたときに思い出したのですけれども、明治維新史学会編『講座　明治維新』（全一二巻、有志舎、二〇一〇～一八年）というシリーズがあって、そのときは『明治維新と女性』（二〇一五年）というタイトルで一巻設けてあったんですね。その『明治維新と女性』の序章に、本来だったら政治や経済やいろいろなところでジェンダー視点が入ってきたほうがいいのだから、その一冊で問題をくくり出すというのは、止むをえないけれども本来的にはよろしくないというふうに書いたことがあります。

でも、今振り返ってみると、やっぱりそれは必要なのだと思います。歴博のジェンダー展示では、プロジェクト委員の三分の一は女性史プロパーの方で、三分の一はあまりやったことがないけどもやりたいと思ってるし、一つや二つはやったことがある。あとの三分の一の方は、ジェンダーなんて考えたこともなかったという人に無理やりメンバーに入ってもらって、やりましょうと呼びかけて、実際にやってみると、やはり新しい論点というのがはっきりと出てくる。多和田雅保さんがやられた女の商人のような本当に難しい問題はそんなに簡単には解けないと思うんですけれども、きちんと取り上げて明確に対象化しない限り、ジェンダーの分析は進まないのではないかなと思います。

小野　ただ、ジェンダー分析というのは必ずしも、男女関係が入っていなければ成立しないとか、女性史がなければいけないということではないので、やっぱり今まで欠けているのは男性性（マスキュリニティ）の分析なのではないか、と私は思っていて。そうすると、あらゆる近世史料はすべて使えるわけですね。どうやってその近世の男性性はできているのかという検証は、実はあまりきちんと取り組まれていないですよね。

横山　そうですね。

小野　男性史研究は近代史・現代史が先行していると思うんですが、そこは決定的に近世史は立ち遅れていて、やるべきところなのではないかなと課題としては思えるのですけども、これも実行しようとすると実は難しいですよね。

横山　展示の話ばかりで申し訳ないですけれども、女性史の展示で入っているけれども、「結局、これは女性史ではないですか」とか、「多少はジェンダーが入っているけれども、女性史の展示ですよね」すよね」という展示批判もいただいています。でも、そもそも男と女というふうに社会を、例えば中近世移行期に区分するのはなぜなのかというジェンダーへの問いに対して、区切られた両方、とくに区切られてみえなくなるほうの実態がわからなければ、研究は絶対に進まないと思っています。区分した結果、例えば性的マイノリティー、男色みたいな世界も、やはり近世のなかで抑圧されてくるわけですよね。

そうすると、区分するのはなぜか、というところの仕掛けの解明というのは近世社会の形成過程ともからんですごく大事で、それはやっぱり区切られてみえなくなった人たちの研究なしにはできないと思っているんですけれども。もちろん、男性史が必要だということも、ＬＧＢＴＱ＋の研究が必要だというのも、その通りだと思います。

岩淵　自分の話になってしまうんですけれども、近世史に男性史が何でないのだろうというのはずいぶん昔に思って、豪農の家を舞台にして、家督を継がなければいけない長男と、次男とかいろいろ子どもがいて女性もいてという、家の存続をめぐってそれぞれの性とか生まれた順番によって割り当てられる、そういうことをちょっと書いたことがありまして……。佐藤家《さとうけ》という越後の豪農の家だったんですけれども（岩淵令治「近世上農層における「家」と成員」渡辺尚志編『近世米作単作地帯の村落社会』岩田書院、一九九五年）。だから、そうした話は、イエ論のなかでもできるのではないかなと思っています。結局その後、自分ではやっていないですけれども、確かにそういう論点は今回ふれられなかったかもしれないなという気はしています。

横山　吉川弘文館がこのシリーズにあと一冊分を入れてくださっていれば、よかったですね。

牧原　私も『本郷』一六八号（吉川弘文館ＰＲ誌、二〇二三年）にエッセイを書いて、それは本来、第一巻のエピローグにしようと思って書いていた文章だったのですが、急遽私が第一巻のプロローグを書くことになったので、一七世紀末の『土芥寇讎記《どかいこうしゅうき》』には次のようなことが書いてあることを述べました。旧代の藩主は男を選んで武士を雇用していた。男というのは、背が高く、ひげがあって、目を光らせて、傲慢《ごうまん》で憎らしいと。要は立派な戦士であると。ところが、今はそういう時代ではなくなったという話が書いてあって。だから、今いった武士は男でまさに男性性の象徴なのだという。ただ、それは建前は変わらないとしても、やっぱり少しは変わっていくのだと思うんですけれども、そういうことと関わってくる。遊廓とかも、多分そういうことと関わってくるのだろうなとは思いましたね。

三ツ松　先ほど小野さんが、男性性の研究がないという話をしていましたけれども、渡辺浩さんの『明治革命・性・文明』（東京大学出版会、二〇二一年）が、まさに武士のマスキュリニティ、男らしさについて正面から取り上げていると思います。海外の研究史の紹介も含めて。それまでは思想史のほうでもやった人はあまりいなかったでしょうし、それ以外の日本史のほうでも、氏家幹人さんたち多くない方々がやってきたテーマについて、丁寧にやっているご議論だと思っています。

そういう研究としては、女性史のほうでも、関口すみ子さんの『御一新とジェンダー』（東京大学出版会、二〇〇五年）がありますよね。表象と政治史をからめてやろうとしている野心作なのだけれども、どこまで成功しているかは他の方の評価を聞きたいです。儒学者の女性蔑視が、明治維新とどう関わってくるのかというところに至るまで、男らしさ・女らしさの規範というものが、近世社会でも、武士、儒学を勉強した人間、あるいは大奥《おおおく》周辺と、立場によって異なり、それが政治にも関わってくるのだというお話がなされています。見るところを見ると、研究はあると思います。そういうわけで、いろいろな研究文脈を総合化して、狭義の歴史学界に視野を限定せずに問題をとらえていくべきなのかな、と思った次第です。

2 現代的な課題から地域史をみる

小野　続いて現代的課題の話をするのがいいかもしれないですね。何度か議論に出ては見え隠れしていて、菊池さんの書評は、そこが非常に強く出ていたと思います。なので、個別テーマでは災害史ならこう、とか考えていくことになるわけですけれども、巻別にみると例えば、地域の歴史を現代的な課題でもってみる、というのが出されており、そこはより厚く記述していいところなのかな、と思われました。ということで、志村さんに振りたいと思うんですけれども。

志村　一応プロローグはああいうことを書きましたが、書くのにはちょっと悩んだところがありまして、こういうシリーズにそういうことを書いていいのかというところを感じたのがあります。

地域史という枠のなかでいくつかの研究潮流を書くということは当然できるわけですけども、その延長線上で大きな議論をするというのは当然求められているとわかってはいました。その一方で、果たしてそういうのを書いてどのぐらいの人にそれが理解してもらえるのか、今の若い人、例えば具体的にいうと学部生とか一般市民に対して、その意味がどこにあるのかというのはすごく疑わしい状況になってきているだろうと思ったんですね。要するに、豪農―半プロ論をどう乗り越えるかみたいな話をしたところで、今の若い学生は「何ですか？　それは」という話になるわけで。

逆に、今回と全然関係ない話になってしまいますけれども、私自身は蔵出し調査からやった史料をもとに文章を書いたんです。目録をつくってゼロからやった。そういうことをやっていると、史料を持っている所蔵者の思いをひしひしと感じるわけですよね。もう一生懸命、代々大事にして守ってきたものを今、世に出してもらうという。それを通じて、その地域のどういうことがわかるかということを、かなり期待を持ってみられるというところがあるんですけれども、そのギャップなんですよね。一般の学生には、もう全然村社会なんていうのは現実的ではなくて、授業でどんなにしゃべっても、「いつの話ですか？　そんなことをやってどんな意味があるんですか？」みたいな反応をうける一方で、史料を持っているお宅に行くとまったく違うものがある。それをどう我々研究者としてうまくつなげられるのかというのが今すごく重要なことだなというふうには思っていたので、ああいう書き方をしました。村社会に住んでいない普通の市民・学生にとって近世史研究をやることの意味というのを、もう少しリアルな感覚を持って訴えられる何かは必要だろうなというふうには思っていたというところですね。

個人的には限界集落というのが、私と岩淵さんが大学院生のときに、たまたま信州のある村へ行ったときにそういう光景を目の当たりにしまして、三〇年以上前からそういうものがあるというのは、ずっと頭のどこかに残っていて。やっぱりそういうものが、今の歴史というのが、観光資源のように使われてしまうような状況のなかで、きちんと多くの人に訴えることができるような形でその研究を伝えたいなというところがあったので、どう現代的な課題意識を研究テーマに反映させるのかというのが、常に問われているなというふうに思っているところです。

ただ、やっぱり個々の地域を丁寧にいえばそれでいいのかというとそんなことではなくて、それはいろいろあるでしょうという話になってしまいますので。そこをどう同時代の日本社会の共通する問題として説明するかというところがきわめて大事なところだし、それを今の若い人たちにとって、自分に関わる問題としてどう意識してもらうのかというところがとても大事なのかなという気がしていますけれども。

そういうところは岩淵さんと大体似たような認識で。

小野　そこまで書いていただけたら、確かによりよかったと思いますけれども、やっぱり非常に大事な、研究の社会的責務みたいなことですよね。我々がつなげないと消えてなくなってしまうかもしれないという、これはほぼみんな近世史研究者が思っていることだと思いますけれども。

志村　あともう一つ、今回新型コロナウイルス感染症の発生で発刊も遅れたわけですけれども、おそらく第四巻『地域からみる近世社会』とか、第五巻『身分社会の生き方』が、一番影響をうけたのではないかと想像しているんです。それはなぜかというと、史料調査をしないと史料がみられない。そういう点でみていくと、史料をみるという環境が、二〇年・三〇年前と比べるとかなり厳しくなってきていると思うんです。確かにデジタル化とかいうのがあって、図書館とか史料館に入っているものはみやすくなっていますけれども、個人蔵文書とかそういうものをみるという環境がきわめて難しくなっていて、実際調査するときも目録をとる人の数が全然なくなってきているという状況があるわけですね。そういう、今我々が迎えている現代社会の状況がどうであるかということもふまえて、こういうシリーズ本ができているということは、どこかで誰かが語ってくれたらいいのかなという気がしましたけれども。

小野　正し過ぎて、ぐうの音も出ないという。あとは、取り組みがこれまで以上に個別分散化しているということですかね。

志村　そうですね。

小野　やっぱり学問、歴史学は集団的力量で成り立つものだと思うので、このシリーズもそうですけれども、共同の営為の結果としてできているわけなので、そこがコロナ禍などによって分散されてばらされると、近世史研究にとっては非常につらいことになるという条件を背負って、できてきたということなのかなと思いますね。

ここでのモデルとしては、諸個人がまったく自分の意見だけでもって闘い定説を勝ちとるとかといったものではなくて、一緒に研究をして協力した結果、集合的な知性を獲得するという、そういう方向で編集してきたことになるのではないかなと。というかそもそも、日本近世史はそういうようにできているのではないでしょうか、と強く思うところです。

菊池　確かにそうです。戦後、地方史や郷土史、史談会といった歴史団体がいろんなところにあって、その人たちが地域の史料の整理とか研究を担ってきたんですよね。今、その方たちが高齢化していて、調査などできなくなっています。なぜ新たに供給されないかというと、これまで担ってきた方たちというのは、もともと小・中学校とか高校の先生が多いんですよ。今、先生たちは、全然そういうところに出ていけないじゃないですか、学校現場が忙しくてね。そのぶん資料館・博物館の役割が大きくなっていますが、人員が不足している。それでも協力し合いながら史料の保存・整理をしてくださる方たちをどう確保していくか、課題が大きいように思いますね。

それと、確かに震災でレスキューされた部分というのは、かなり予算も注ぎ込まれていいんですけれども、そうではなくて、もう後を継ぐ人がいない。その史料をどうするかというときに、どことも連絡がつかないでそのまま捨てられていく、そういうものが非常に多いような感じがしますよね。資料館・博物館でそれらを受け入れる収蔵庫がないとか、そんな問題もあってなかなか現状は暗い。観光となれば行政からの予算もつきますが、長い目でみて収蔵庫をつくるとか、調査研究をしっかり行うとか、基礎的な部分にお金を使うようにしないと、うわっつらに終ってしまいかねない……。外国人の方に展示をみてもらう工夫は必要でしょうけれども、国の文化行政として基礎的なところを支えることができないと駄目なのかなという感じはしますね。

小野　この方向で行くと、本当に暗い感じに（笑）。担い手の問題は、郷土史家みたいな方々がいなくなり、高校の先生方もそうだということで、今や大学にもそれが及んできているという動向が全面化しているわけですし、文化財行政の後退ということもおっしゃっていただきましたし、それはすぐにはどうこうできないわけなのですけれども。それらの問題を共有したうえで、我々は何ができるかということを模索する場が必要ですよね。

私が「新自由主義時代の近世史研究」ということを言い募っているのは（歴史学研究会編『現代歴史学の成果と課題1』）、そういう研究条件の変化ということに深く関わっているので、もうみなさん気がついたらすべてそういう、環境破壊のような事態になっていますという話なわけですけれども。それはそれなりに、みなさんもう深くわかっておられるのかなということで、そんななかでも、例えば歴博でジェンダーの展示（「性差の日本史」二〇二〇年）をやれば非常に人がきてくれるみたいな、そういうことをどう考えるかということかなと思いますね。どこかにそうした活路を拓くものがある。

3　近世人の「生きづらさ」と現代人の「生きづらさ」

横山　私も展示を準備しているときは、お客さんがこないのではないかと思って心配していたんですね。コロナ禍だし、都心から遠いし、歴博のコアなお客様というのは基本的にかなりエリートの五〇歳以上の中高年男性です。そういう方にあまりうける気もしないし。ところが、いざ企画展を開けてみたら、若い世代、特に女性の驚くような関心があったというわけです。それは何でかなと考えてみると、やっぱり自分が今抱えている問題の根源というか原因というか、それはどこにあるのかというのを知りたいという知的欲求です。では、抱えている問題は何かというと、博物館にお金を払って見にくるというぐらいの方々だから、今日の御飯が食べられない、どうしようというわけではない。思わず「何が一番葛藤なんですか」と聞くと、いろいろな方がお返事をくださいました。それなりに毎日生きているけれども、インターネットとかSNSとかで、自分がどう生きるかということを考える前にものすごい刷り込みがある。昔は家庭のいい主婦になれというプレッシャーだったかもしれないけれども、いまはもう仕事もバリバリできて、できれば家庭も持って、女らしい配慮もできてという、すごいことを求められているなかで頑張っているのに、何か小さいことでチクチクと規範がのしかかってくる。

その女性たちは展示をみると、「ああ、今って特殊な時代なんだ」というか、「そんな時代がずっと続いていたわけではないということがわかった」「すごく心が解放された」「私も二〇〇〇年の歴史の中の一人なんだと思った」というんですね。男性は男性で、まさかこんな歴史とは知らず、何か自分が責められているような気も少しして、帰りの長い電車の時間はそれを反芻《はんすう》するのにちょうどいい長さだったと、そういうふうなことを書いていらっしゃる。

だから、やっぱり歴史学で、いまの人たちの葛藤とか悩みを、それは何だろうということをくみとりながら自分のフィールドを掘っていくというのは、結構やりがいのあること。それは、現実のために歴史学を利用するのではなくて、やっぱり時代の子として、今の時代で一番知りたいことは何なのだろう、自分は何に規定されているのだろう、それを過去に問うてみるという作業は意味があることかなと思いました。学生が歴史に関心がないわけではまったくないと思います。

小野　観客にとっては、解放の歴史学として機能したわけですよね。

横山　というか、もうびっくり、驚きの歴史学という感じだったのだと思います。ジェンダー以外でも、競争とか競争の組織化とか、そういうことの持つメンタルな意味というのもすごく大きくて、それは近世史も結構あるなと、本シリーズを読んでいてあちこちで思うことがあったんですね。そういう人間の組織化とか管理のあり方みたいなものも、歴史の研究対象にきっとなるのだろうと思います。

小野　ここまでずっと話してきて、やっぱり「生きづらさ」の問題というのはずっと見え隠れしていて、何度も書評に出てきまして、これは流行している面もあるかもしれませんが、やはり近世の人たちにとっての生存が根差しているところといいますか、一方で近現代史研究では〈生存の歴史学〉というのを前面に出してやっている、主たる潮流になっていると思いますけれども、そういう意識に非常に近いところで成り立っているのではないかなと私は受け止めています。

近世史であれば、例えば倉地克直さんは、「生存の歴史学」をきちんとなさっていると思いますけれども（『「生きること」の歴史学』敬文舎、二〇一五年）、研究者も悩んでいる部分であるとか、近世でも「生きづらい」部分というのは、このシリーズでも如実に出ているのではないかなと思います。

菊池　ほんとにそうだと思いますよ。そこの部分をこの書評でピックアップしてみたんですけれども、「生きづらさ」とか、例えば北方史でいうと、これは谷本晃久さんの論考（第三巻第5章「一九世紀の蝦夷地《えぞち》と北方地域」）は具体的にふれてはいないのだけれども、「軋轢《あつれき》」という言葉を使っていますよね、アイヌと和人との間で起こったクナシリ・メナシの戦い。この「軋轢」って何だろうと読者が想像できるといいのかなという感じがする。

そこには、ジェンダーの問題とかも入り込んでいるわけです。雇い労働だから、報酬の問題とかもちろんあるけれども、それに加えてアイヌ社会の慣習破壊だとか、あるいは女性に対する性暴力、「密夫」（密通）とか、「妾《めかけ》」という言葉で表現されるけれども、そういう「軋轢」は大きいわけです。現地に入り込んで働いている和人《わじん》というのは男社会、女性は入れないわけだから。そういうなかでおこっていた。

それからもう一つ、出稼ぎを生み出す側の地域でいえば、これは下北《しもきた》も津軽《つがる》もそうですけれども、男が北の世界、蝦夷地に行って働くわけですよね。女性だけが残るわけです。そうすると、例えば、異国船が出現すると、その防備のために男の代わりに女性が人足《にんそく》として役に駆り出される。あるいは農業労働を女性が担うとかは普通のことです。あるいは松前《まつまえ》城下《じょう》でいうと、町役所が人足溜まり場になっていて、そこに女性たちが集まってくるんです。それで、女性たちが城の掃除や作事場の地固めなどの日用の仕事をするわけですよ。

近代であれば、富山の米騒動《こめそうどう》を想像していただくと、そういう世界がイメージできるかなと思うんです。米騒動は漁村の主婦たちから始まりますが、男たちは北海道・樺太《からふと》への漁業出稼ぎでいませんでした。女性たちの働く姿・生活を支える姿というのは、地域によっても違うかと思いますけれども、北東北ではよくある光景のように思います。

これは、谷本さんの組み立てがいけないとかということではなくて、私自身が思い悩んできたことで、政治史的なテーマでも、どのように人びと、民衆の日常とリンクしているのか、そこを描き出したいと思ってきました。

松井　私はあまりよくわからないんですけれども、今の言葉としての「生きづらさ」といったときに含まれる意味と、近世の人々の生存というのを考えたときに、「生きづらさ」という言葉にみんな落とし込まれていいのかなというのは若干気になるところがあります。

テーマとしては、生存を脅かすものであったり、生存の質を変えるものだったりを問うのは、すごく大事なことだと思うのだけれども、何か今の若い人の「生きづらさ」という言葉の意味があまりよくわかっていない。「おまえはおめでたいからだ」といわれたらそれきりなんですけれども……。昔の若い人が悩まなかったわけではないというか、それと今のものと、どう質的に違うのだろうというところを、「生きづらさ」というのを言葉としてきちんと理解しないで、そこに落とし込みたくないなと私は思っているんですけれども、そのあたり、みなさんはどう思っていらっしゃるんですかね。

小野　やはり歴史研究ということで、歯止めをかけるわけですよね。構造的理解が不可欠ということで、近世社会を構造的に理解するということによって、安直な一体視みたいなものに陥らないようにするということなのではないかなと思うのですが。そういっても、実際の実践では難しいかもしれませんけれども。

松井　言いたかったことは、ある状況を、近世の人の「生きづらさ」だというふうに名前をつけるのかどうか、ということですね。主家の旦那さんにいじめられての困難なのか、食べ物がなくての困難なのか、そういうさまざまな困難があると思うのだけれども、それを「生きづらさ」という言葉にまとめてしまうことに、ちょっと危惧を感じます。

横山　いまの若い方たちが、あるいは展示を見にきてくれたような人たちが感じている「生きづらさ」とは、全然違う質の困難だったり、苦しみだろうと。だから、今の苦しみが何だろうと思ったときに、さっき私は競争とかそれを組織化する動き、もっといえば競争する主体がそれぞればらばらになっている状態をその一つにあげましたが、そのメンタルな苦しさと近世の苦しさというのはやはり全然質が違うと思います。ただ遊廓のなかは案外そういう側面があったかもしれないとか、遊廓のなかの世界は、競争の組織化という点でいえば、ものすごく近代的な世界だったのではないか、とも思っているんです。でも、そこは同じ言葉を簡単に使ってはいけないなと。

松井　今おっしゃったみたいに、例えば、メンタルな困難を「生きづらさ」というんだというのは、一つの定義かなという気はするんですけれども、どうなんでしょう。自分はあまりわかっていない言葉なので、すみません。

牧原　それはやっぱり学生さんとかを歴史にいざなうときの一つの切り口で、実際は全然違うわけです。けれども、違うと言い切ってしまうと、きっと回路が、例えば、「まったく私たちと関係ない人たちじゃないですか」ととられかねないですよね。だから、そこをたぶん「生きづらさ」という言葉でつなごうとしているのではないですかね。私が、この第一巻に書いたのは、直接には現代の意味で、近世については使っていないんですが。

菊池　そこが近世的な表現になると何なのか、「難儀」などといった言葉をシリーズ執筆者のみなさんの史料引用から引っ張り出してみたんです。それぞれの中身を問うていくことによって、当時の生きている人たちの「生きづらさ」というんですか、よくわからないけれども、そういうのがみえてきて、現代の若い人の感覚にも響くのではないかと思ったのですが。

多和田　ここは非常に難しいところで、松井さんをはじめ、みなさんのおっしゃることはもちろんわかります。そのうえで、現代日本において、人に「生きづらさ」を感じさせるさまざまな要因のうち、近世に起源を持つかどうか、検証に値するものはあるように思うのです。例えば、第五巻『身分社会の生き方』の「プロローグ」に書き、『本郷』一六九号（二〇二四年）での拙文「現代人が近世史を学ぶということ」にも書きましたが、社会的有用性の有無によって、人間を価値づける見方がその一つなのではないかと考えます。もし、こうした価値基準が前近代、さらにはその最終段階である近世に起源を持つとすると、そこに前近代史や近世史を学ぶ意味の一つがあると私は思っています。ただし、当然のことながら、近世と近代で、生き方なり、「生きづらさ」を感じさせる要因なりには差があるわけで、ではその差は何に起因するかというと、やはり「身分」の有無がもっとも大きいのではないでしょうか。近世の身分集団は、成員の暮らしや生存を支える一方で、公儀の「御用《ごよう》」を務めることを強く求められる両義性を持っていたとされます。以上の説は当然、さらなる論証が必要ですが、中世の自治と近世の「自治」の差を論じた一方で、近世の仏国・神国観が明治以後の日本にも影響を与えたとする高木昭作さんのご研究（『日本近世の身分制と神国観』同『将軍権力と天皇』青木書店、二〇〇三年）が我々に残した宿題かと私はみています。

4　歴史の検証と実践、「正しさ」と「面白さ」

荒木　たぶん、みなさん大学で教育をなさった経験がある方が多いなかで、私は大学での教育経験はないのですが、私がみている若い人というのかな、それで歴史専門ではない人、インターネット上で歴史の話に食いついてきてコメントを発している方とか（若いかどうかもわからないですけれども）、ネット上の掲示板といったところで、歴史が好きで集まっている方々がいると思うんです。そういう人が、一般の人として私の目には一番入ってきやすいです。

そういう方はたぶん、博物館の展示などというものには行かないわけですよね。このシリーズのような本も、絶対に読まないわけです。どこから知識を得るかというと、ネットでみた情報と、あとは、よくてテレビでやっている歴史番組なわけです。

そうすると、そういうところで行われている議論というのは、事実をほぼほぼ無視して展開されているわけです。イメージの、それこそ菊池先生がおっしゃっていましたけれども、英雄ですよね。それを語りたいんじゃないですか。すると、さっき小野さんもいっていましたけれども、なぜ日本が明治維新の頃に植民地にならなかったか。それは、日本には英雄がいて、強く立派な国民だったからだ、となる。さっきの「生きづらさ」にもつながる部分があると思うんですけれども、つらい人がそういうものを求めるときって、ありますよね。そういう人が、一般の歴史好きのなかには多数いらっしゃると思うんですね。

そういう方々に、こういう議論をどういうふうに届けていくのか。歴史学を教える必要はないと思うんですけれども、それは間違いなんだよ、ということを何とかして伝えないと、間違いにもとづいてつくられた歴史像というのがどんどん拡大しているなと。

昔と今の違うところは、誰でも意見を発信する場があって、グループをつくれてしまうということだと思うんです。なので、よくないと思ってみているのですけれども、みなさんの意識というか、どうすればいいとか、ご意見があったら、うかがいたいなとずっと思っていて。

横山　第六巻第6章（鍛冶宏介「民間社会からみる書物文化と医療の実態」）の江戸時代の識字率世界一説の批判もそうですよね。

小野　一方で、そういう情報の妥当性を検証する、地味なファクトチェックをしている現場というのは必要なわけだけれども、いまの話はいっそう広くみてゆく必要があって、そういう大衆文化的な、サブカル的なところから始まって、どんどん動員されている場合もあれば、端的にいうと、政治主導で歴史修正主義になってしまうということもあるわけで、それらがゆるく連続体になっているという現状があるのではないかと思うので、これもすぐに直せるとかにはならない問題ですよね。

学会とかで、地味にやっていることはやっていると思うのだけれども、いかんせんやっぱり力の差が大きいというのが現状ではないですかね。

村　暗い話で恐縮なんですが、二点思うところがあって。

一点は、誰がいっていることが正しいのかを、論証の内容にふみ込んで判断することまで、求めることは難しい。そうすると、専門家・大学の教員がいってるんだからこっちを信じろ、という論理に実はなるところが、歴史的にあったのではないか。一方で今、若い人は、例えば大学に勤めているような専門家のいうことが一番正しい、とはそもそも思っていない。インターネット上のインフルエンサーがいっていることのほうが、正しいと本来的に感じているのではないか、という状況があるというのが一点。だから、「間違っているよ」といって、その声が届いたうえで、さらにこちらを採用してもらうにはどうしたらいいのかというのが実は難しい、というのが一つ。

もう一つは、「新しい教科書をつくる会」のときの問題でもあったと思うんですけれども、事実の誤認を潰していけば解決するという問題でもない。個別の事実では一言も嘘をつかずに、全体のストーリーとしては非常に恣意的なことをいうというのは割と簡単であって、そうすると、間違いはないのだけれども、全体の筋としては政治的だったり営利的だったり、ものすごく狙いのある、人を誘導するための議論だというケースがあるわけですよね。もちろん事実にもとづかない、完全にこれはでたらめだろうという言説は、丹念に批判しなければいけないのでしょうけれども、そうして誤りを潰してさえいけばいいということでもなさそうだと思って。いや、暗い。

小野　でも、そうした暗いといっている状況が、実は明るいのだといっている人もいて、「パブリック・ヒストリー」という動向にはそういう話も。要するに、歴史はべつに専門家だけのものではなくて、各自それなりに実践していればいいのだと。結果的にそれがゆるくつながって、何か新しいものを生み出すぞという感じかなと思うんですけれども。

小林　神戸大学のLINKに「「おもしろくてためになる」歴史新書とは？」という文章を書きました。先ほどおっしゃった、そういう一般の人の歴史や史料への認識は劣っている、間違ったものであるという認識の構えで書かないほうがいいという、パブリックヒストリーにも若干通じる内容なんですけれども。一般の人の文脈とか関心にちゃんとアンテナを張りながら、どうやって歴史学研究の成果をわかりやすく書くのかが重要だという文章です。

昨日、歴博に行って陰陽師《おんみようじ》展（「陰陽師とは何者か」二〇二三年）をみてきたのですが、大盛況でした。おそらく陰陽師展にあれだけたくさんきているというのは、陰陽師にまつわる何がしかのメディアの影響力なのかなと思いました。お年寄りもいたけれども若い女性も結構きていましたね。

内容的にはちょっと難しかったかもしれないですけれども、おそらく満足して帰られたのではないかという気もして。展示も図録もみたんですけれども、近年の陰陽道研究の達成を、非常にわかりやすく要領よく説明されていて、おそらくみた人は、もともとあったメディアからくる関心は持ちつつ、でも全然違った側面も次々とみられるわけじゃないですか。そういう違った側面をみて、満足されて帰ったのではないかなと思うので、そのあたりのアンテナの張り方と、こちら側の訴求力ですね。その辺がやっぱり重要なのではないかなという気がしますね。はなから間違った説をたたいていくという構えではないけれども、でも、単に面白おかしくというのに行かない方法を考えなければいけないというところの難しさだと思うのですけれども。

小野　正しい（笑）。まだまだ工夫ができるという話かなと思いますが、絶えずそれを考えなければいけないというのがつらいですね。

村　これもただの体験なのですが、前の職場、三井文庫にいたときに、私が三井の歴史をしゃべって、聞き手はビジネスパーソンで、仕事で仕方なくいらしているという場が何回かあったんですね。それと、先ほどちょっと話題になりましたけれども、理系の人たちも一緒に大きな共同研究をやったときと、それぞれで非常に印象的なことをいわれたのです。懇親会のような場で、一つは、「意外に生き生きした学問なんですね」といわれました（笑）。もう一つは、「意外に論理的にものを考えるんですね」といわれました。これは、三井グループの企業の人にそういわれ、他分野を代表するような学者にそういわれるわけですね。

何でこういう体験を申し上げるかというと、歴史に興味があると思っていない人たちに、実は面白がってもらえる可能性も、一方ではある。自分は歴史が好きだと思っている人たちが求めている話と、専門の研究者が提供できる話がずれているというのは、皆さんも例えば講演をなさると、しばしばお感じになるのではないかと思うんです。期待してきたものと違うという反応をされることはあるのだけれども、逆に全然期待してこなかったけれども、意外に面白いじゃないか、という反応もたまにはあって。この場合、向こうはそもそも自分は興味がないと思っているわけですから、なかなかそうした人たちへアクセスすることは難しいんですけれども、やっぱり学問としての面白さという魅力も、実はあるとは思うんです。

でも、細かいトリビアルな知識を蓄積するものだと思われていたり、古い知識を蓄積していって、過去にわかったことはもう変わらないんでしょうと。残っている謎を追うだけだと思われていたり、いろんな誤解もあって。何か打開策があるということではないのですけれども、意外に潜在的には関心を持ってくれうる人はいるのかもしれないと思っています。

荒木　私は、いわゆる近世後期の幕政史をやっていますけれども、正直、幕政史をやっている人間なんて多くない。近世史が一番多彩な成果をあげているのは、決して幕政史ではないと思っているのですが、ただ、一般の歴史に興味を持つ方は、そこだけしか気にならない方ってすごく多いと思うんです。教科書だと変わらない幕政史がずっとのっている。教科書というのは、誰であれ必ずどこかで通る道ですよね。そういうところで近世史が成し遂げてきた成果というのをきちんとアピールできるようになっていく。小学生のときも人返しの法だったよな、中学でも人返しの法だよな、みたいなのだけではなくて、新しくいろいろなことが近世史もわかっているんだよというのをうまく伝えていけると、そんなに興味がない人が、それこそみなさんおっしゃるように、生き生きしたみたいなことを伝えられるのではないかなと、ちょっと思うところではあります。

牧原　たぶん、はっきりいって高校の教科書が面白くはなくて、とくに近世部分はすごく真面目につくってあると思うんですけれども、面白くはないんですよね（笑）。だけれども、例えば今日の話で、大御所《おおごしょ》時代、例えば研究や解明が進んだとして、ではそれを組み込むとすると、例えば寛政改革か天保改革を減らさなければいけないんですよ。紙幅があるので、寛政と天保でなくてもいいんですけれども、そんな幕政ばかり書くわけにはいかないので、どうしてもそうなりますよね。そうすると、寛政改革や天保改革はいいのかと。今まではこれぐらい教えてきただろう、常識だろう。では、そこに大御所時代を入れたら紙幅がとても間に合わないだろうという。

ほかの分野も全部同じことで、新しく解明されたことをあの短い紙幅に入れて、何でも込めちゃった結果が今なんですけれども、だから、これはもう根本的にどうしようもない面がありますよね、なかなか。

横山　でも、「歴史総合」というのができたときに、それは変化するすごいチャンスだったのではないですか。私は、山川出版社の教科書の解説シリーズ本（『日本史の現在　4　近世』）に参加する機会をいただいて、教科書をみたら、世界史では、かなり大胆に変わったところもあった。ただ、日本史はジェンダーに関してはそもそも記述がまったくない。二〇〇五年だか二〇〇六年の、ちょうど加藤陽子先生などが書かれていた頃の「リンゴの唄」というところに括弧がついて、「並木路子」と書いてある、その一語だけが増えていたというか変わっていた（笑）。男女共同参画基本法もなければ、女性差別撤廃条約もなければ、もちろん性別分業みたいな話も全然なくて、かわいそうな水俣病の被害者の写真が女の子という。いや、この変わるチャンスをどうしていかさないのか。というか、正直びっくりしちゃって。

ほかの教科書はもうちょっと何とかなっているし、最低でもコラムなどを入れようとしている。だから東京大学を中心とする日本史学研究者が女性史を教えなくていいと思うのはなぜかというのは、後世の実に面白い研究課題ですねと、思わず書いてしまいました（笑）。

チャンスはあったのに、ほとんど活かせていない。ただ、やっぱり日本史の細かさの怖さもよくわかるんですよね。下手なことを書いたら、細部までわかっているから何をいわれてしまうかわからないと思うと、用心深くなるというのは当然のことだと。

吉村　「日本史探究」の教科書を一部書いたので、それをきっかけに、ある高校に呼ばれて、「歴史総合」から「日本史探究」へどうつないでいくかという話をしたことがあったんです。「歴史総合」は確かに意欲的につくられてはいるんですけれども、教えるのはかなり難しいだろうなと思います。それで、「歴史総合」を高校一年次に習って近現代を世界史的に学んだのちに、二年次から「日本史探究」を学ぶときに、日本史の古代に戻って、せっかく日本史の近世から近代にきたときには「歴史総合」で学んだことを忘れていて結びつかないと高校の先生がおっしゃっていました。ただ、「歴史総合」は理系も習うから一年次に配置せざるをえないという話で、構造的な問題があるのかなと思いました。

私は女子大学で教えていまして、いろんな学生がいるのですけれども、「政治とか外交とか興味ないです」というタイプの学生もいます。それもいろいろ理由があるのだろうなと思ったのですけれども、その一つが、もうずっと聞かされて飽きているということと、まだまだ女性史・ジェンダー史の成果を紹介し切れていないというところももしかしてあるのかなという気もしています。大学の授業では、なるべく意識的に女性史・ジェンダー史のこと、あるいは女性が書いた史料などを入れるようにしているつもりです。

政治史・外交史を意識せずに、興味のあることから卒論のテーマを設定した学生が、論文としてどう仕上げていくのかというときに、このシリーズの通史編とテーマ編の両方を読んでもらいたいなと思っているところです。

小野　歴史実践の話を深めたいところではあるんですが、ここで軌道修正をする必要があるかな。

5　近世史を見通す、とは

牧原　今回「日本近世史を見通す」というシリーズで三ツ松さんが問題にされた、見通されているのかという話です。今までは、中世からの蓄積をふまえて近世を描き、近世の蓄積をふまえて近代を描くという、それがある種「見通す」だったわけです。けれども、今回、私のなかでも少し転換したなと思ったんですが、第一巻プロローグのところで、何か横に同期するみたいなことを考えてしまって。それもある種必然性はあるのですけれども、横につながるという、つまり、ある時代の歴史を横から影響をうけてつながるものとしてとらえるような歴史社会の見方がかなり強くなってきているのではないか。みなさん昔のように本当に縦につなげようと考えているのか、中世史をふまえて近世史、近世史をふまえて近代史というふうに、それがつなげられるものなのか。

それとは違う、ある歴史社会を見抜くことによって、現代社会の私たちが生きる社会と、歴史社会の往還ですよね。そこから何か自分たちが生きる問題とかをみつけながら歴史をまた考えるという、そういう歴史への向かい方もあるように思ってきて、なかなかここは難しい問題なのですが、私も中世史や近代史のことを深く勉強しているのか、できるのかといわれると、学生の論文を読むぐらいでなかなかできなくて、縦につなげるというのもかなり難しいなと。

縦につなげるというベクトルと、後者のような横につながるベクトルと両方あって、今回は一応「見通す」というタイトルからは、前者のというか、日本列島の歴史が縦に連なっていて、それをつなげて理解することに意味があるという理解だったわけです。だから通史を勉強しましょうという。ところが、今はそういう感覚が少し薄れてきていると思います。だから、そういう段階における歴史学のあり方ということを、みなさんどういうふうに考えられているのか、ちょっとおうかがいしてみたかったということなんですけれども。

もちろん、どちらかということではなくて、私も両方の意識はあるのですが、どうしても、やっぱり人間は超人ではないので、すべてのことに意識を払うというのは難しいので、やっぱりある一部分しかみれないんですけれども、そのような問題はないのかなということをちょっと思いました。

上野　関連するようなことをちょっと発言させていただきたいと思いまして。

先ほどの菊池さんのコメントとも関連してくると思うんですけれども、近世に生み出されたものが、明治時代以降、変容しつつも存続して、それが高度経済成長を一つの画期にして、不可逆的な形で失われていくというイメージを、かなり私は持っております。

例えば、村社会の共同性ですとか、私が執筆を担当した部分で申しますと、通俗道徳ですとか、神仏とのつながりといったような事柄があります。そういったものが失われていくなか、新しい共同性なり、文化なりが模索されるべき時代なのではないかと、そのような現代社会に身を置いているように思うんですけれども。

かつてであれば、何か「生きづらさ」とかいろいろな問題に対応するときに、例えば通俗道徳とか神仏とのつながりというような形で何とか対応した、それが生きる知恵にもなった、というふうに思っているんですけれども、現在や将来においては、同じような形で対応することはできないだろうと思われるわけなんですね。

そのような時代状況を念頭に置いて、改めて民衆史とか社会史の研究を深めていくことで、もしかしたら現代との思わぬ形でのつながりがみえてくることもあるかもしれませんし、現代との大きな違いに気づかされることもあるのではないかと思うんですよね。

ですので、私の身近な同年代の研究者は、どちらかというと支配者側の研究をする方が多いような気がするんですけれども、私はやはり民衆史とか社会史の復権を狙いたいなというような思いは持っておりますね。そうすることで、有名ではない人たちを含めて、さまざまな人たちが生きてきた人生の積み重ねがあって、その延長上に私たちの生活もあるというような形で、おそらく英雄史観とは違うような形で、歴史と向き合えるようになるのかなと感じております。

ただ、先ほどの牧原さんのご発言と関わってくるかと思うんですけれども、というか、私も大学の文学部で日本史の授業を担当しておりますが、代々日本で生活してきた人たちに、日本語で当たり前のように、日本史とか近世史という枠組みで語ればいいというような段階ではなくなってきていて、そういう意味では縦の歴史と申しましょうか、もう日本人に日本語で縦の歴史を伝えればいいんだというようなことは、それがまったく無効ということではないのですけれども、そういうあり方自体が揺らいできているのかなと思いますよね。

そういったなかで、どういう形で対象（研究対象）をとらえて、例えば今日の私たちの生き方ともつなげていくかとか、そういった模索がありうるのかなと思いました。

牧原　たぶん、ほぼ私などと同じような感覚で話してくださったと思います。だから、新しい共同性が模索されるべき段階だというふうにおっしゃっていたのですが、それはたぶん、その共同性なるものが共有されていて、あるという確信でみているわけですよね。今の若い人は、そういう発想が出てこないのではないかなと思いますね。こういう細分化された社会で、歴史的に何かつながっていて、みんながその何かを共有しているみたいなイメージ自体が、かなりつかみづらい時代になってきていて、だから私たちも当然揺れ動くわけですけれども、そのなかで歴史を考えていって、非常にそれが難しい。

今、日本人に日本語でというのは確かにおっしゃる通りで、さっきの概念の問題もそうで、この狭い世界ならほぼ大体みんな通じるけれども、一歩出てしまうと「何それ？」という。それがどんどん狭くなってきているわけですよね。だから、そういうなかで外国人の方にはどういうふうに説明しなければいけないのか。これからの若い人には、それと同じようなレベルで説明していかないとわからないのかもしれなくて、そこには非常な労力と苦労というか、ストレスがのしかかってくるなというふうな気はしますね。

小野　通史的なアプローチをとらないという場合でも、やはり一長一短は避けられないわけで、グローバルヒストリー的な、横の同時代で、どれほど同期しているかということだけをみれば、今度は時間軸に沿ってどう変容したかという観点が弱くなるわけですよね。近世ってこういう時代で、近世帝国とはこういう国家、近世の貿易でこういう商人のいた時代、みたいな話になりがちなのでは。その時代のスナップショットのごとく提示すればそれでよいということで、これはほとんど歴史人類学のようになっていて、時間や歴史意識の非常な衰弱を感じるわけですよね、グローバルヒストリーの一潮流というのは。それはそれでやはり問題があって、そこを吟味する必要があるのではないかなと思います。

一方で、近世史を「異文化」的なアプローチでみるというのか、現在とはまったく違う社会として近世社会をみて、それで現代を相対化するということも引き合いに出されたと思うんですけれども、これは効果的なのだが似たような問題をはらむ、ということになりましょう。そうすると今度は、では、どうやって近代になったんですかみたいな話がまた出てきまして、近代が説明できなくなりますよね、という。説明能力で一長一短というのは避けられない問題としてあるのではないかなと、聞いていてうけとめましたけれども、違いますかね。

牧原　いやいや、おっしゃる通りだと。だから、一つの時代の研究はどうしても、近世史のなかの、さらにある何かの問題をやることが多いわけですよね。そこから出ていかなければ、小野さんのいわれた後者のいくつかの動向と基本的には同じで、それを助長しているというか、そういうことになりかねないのではないかと思いますので、どういう姿勢で向かうのかということをやはりよくよく考えていかないと。

菊池　両方の側面をやらなければいけないのでしょうね。やはり近世って遠くなりましたから、どうしても異文化としての近世というか。それから今、共同性といったって、新しい共同性と言いましたけれども、やはりかつて「村の封建性」と否定的にいわれた共同性ってどんなものかということを知って、そこの問題性だとかをきちんととらえないと、新しい共同性をどうやってつくっていくかということにもならないですよね。とはいえ、日本社会を支えてきた村が衰えて消えていく、そのことが何をもたらすのか、そうならないために近世史研究が何を発信できるのかという差し迫った問題もあります。

ついでにいえば、一九六〇年代の高度成長で社会ががらりと変わり、そしてデジタル社会に突入して、現代の私たちって、人類史といえば大きくなりますが、時間の流れのどういうところにいるのか、時間的存在であることを知らないといけないですよね。

例えば、地球温暖化で、今、過去一万年で一番高い気温になったという。産業革命以後の化石燃料を使ってきた人間活動によるものですが、近世までとは段階が明らかに異っている。こういうところでも、時間的な尺度でみていく大切さを感じます。異文化と感ずるような近世になりましたが、時間の流れ、段階のなかで考えなくなったらもう歴史学ではなくなります。

もう一つ、グローバルにみていく、横にみていくということでしょうか。

小野　縦横両方の総合化に成功できているかというと、それは完全に疑わしいわけですけれども。しかし、そうはいっても考えざるをえないという、ほぼみんなで考えざるをえない問題ということではないかと思います。

6　書評・討論を終えて

小野　書評をしていただいた方から一言ずつもらえるとありがたいかなと思うんですけれども、どうですか。

松井　書評の機会をいただいて、こんなにたくさんの論文を必死で読むなんていうことは、もう何十年もというか、生まれてこの方していなかったのじゃないかというほど、本当に勉強になりました。

今日の議論で、どうしてこうなっているのかというのがわからなかったところがつながった部分というのもたくさんあって。第七巻では、これはこういう意味なんだよというのを、編者や執筆者のみなさんが補足してくださるというのもいいのじゃないかなと思いました。その補助線が一つあれば、この論文とこの論文はつながるんだなとか、今日すごくいろんなことを感じることができましたので。

それとともに驚いたのが、一つの論文でも、評者のなかでもみんな扱いがというか、印象が全然違うので、ある意味では、それは近世史のなかもすごく細分化されて、自分の「私は何史」みたいなところ以外のものはとてもカバーできていないということだと思いました。

三ツ松さんが「見通せているんですか」と結構手厳しくおっしゃったのは、そこも含めて、何が共有されていて、でも私たちのなかで共有されているものが外にどこまで共有されているものとして示せているか、というあたりで、それはやはり実際状況が難しいから、「そんなこと言ったって無理だよね」とは思ったんですけれども。もしかしたら、社会史をやっている人と私が対外関係史をやっているときに思っていることとは全然合わないかもしれないということを、いつも考えたり口にして、お互いに自覚していかないと駄目だなということです。

本当にこういう機会を与えていただいてとてもよかったと思っています。ありがとうございます。

三ツ松　全巻を読み通してみて、こんなすごい話が描けるんだ、と興奮したり、自分はこんな大事なことを知らなかったのか、と嘆息したりと、数多の勉強になるところがありました。松井さんからは「見通せているのか」という自分の問いかけが手厳しいものだ、という評価をいただいたのですが、もともとこの問いは、こうした実りある読書体験から内在的に導き出されたものというよりも、すでに述べた通り、シリーズとしての研究動向について論ぜよという与えられたお題に応じたものだったのでした。

討議を通じて、「見通す」という冒頭に掲げられた課題が先にあって原稿もそのために最適化されている、とは言い難いこと、他方、いかに各巻のコンセプトが工夫されたものであるのか、が明確化されたように思います。こうした理解の深まりは収穫でした。

他方でやはり、松井さんのコメントの通り、近世史研究者の間でも研究対象が違えばものの見え方も変わってしまうという状況のなか、どう広く通用する「見通し」を示すのか、難しいですね。

とくに、小野さんや荒木さんから、武家社会を考えるうえで縁戚・家／族の関係を重視するのは当たり前で、三宅正浩さんの議論（第一巻第3章「幕藩政治の確立」）に画期性を認めるのは違うのでは、武家社会の研究者としては驚いた、といった旨のコメントをいただいた際に、自分もそれを痛感しました。

自分は修士論文で、紀州藩《きしゅうはん》における徳川家斉《とくがわいえなり》の子どもの押しつけに伴う藩内抗争の余波を扱っており、そして今は佐賀藩政の研究で禄をもらっています。その過程で学んできたことをふまえれば、おっしゃるような大御所《おおごしょ》時代観や武家社会像には違和感がありません。むしろそれらの論点についてのある程度の勉強があったからこそ、三宅さんによる代案をより面白く読めたように思っています。

ギャップを感じたのは、論点がその次元に切り詰められて、儒教的政治理念を背後に持った文治《ぶんち》政治、という古くから当該期の政治史に与えられてきた「見通し」方を、三宅さんが塗り替えようとしたことの新しさが問題にされなかった点です。武家諸法度の変化などを取り上げて、この時期に武士の支配が文治主義的なものに変質したとする説明は、解像度に差はあるにせよ、教科書のなかで今も生き続けている、それこそ一般に共有されている「見通し」だと思います。もしも教科書にみられる政治史叙述の基軸が、現在の政治史家にとって文化史的に偏った、問題にもならないものなんだとすれば、更新の努力はいっそう大切なものになるはずです。

もちろん大御所時代の扱いをめぐる先ほどの牧原さんのお話の通り、教科書の筋を書き換えるのは簡単なことではありません。教科書に限らず、私的で時に「俗な」と評される次元の話によって政治史叙述に介入しようとするのは、横山さんのご指摘をふまえれば近代的通念への挑戦だといえ、現実的には必要だとしても困難な試みになりそうです。先にあげた関口すみ子さんのお仕事は、思想史的なその先例になるでしょうか。

とはいえ、例えば惣無事令《そうぶじれい》論については、前世紀末に急に各社の教科書に普及したものの、近年の研究の進展をふまえて次第に姿を消しつつあります。努力が積み上がれば、新たな「見通し」は得られるし、教科書の記述のアップデートにもつながりますよね。

本シリーズに目を通した際の自分にとって、「日本近世史を見通す」ことは編者にとっての課題ではあっても、こちらの課題ではありませんでした。しかし書評会を通じて、梯子《はしご》を外されたような気分になった場面もありましたが、たとえ簡単に解決することが叶わないのだとしても、これはやはり自らも意識し続けなければならない重要な課題なんだ、と考えるようになりました。勉強・反省の機会を与えてくださったことに感謝申し上げます。

横山　もう言いたい放題しゃべったのではないかと思うので、つけ加えることはほとんどないんですけれども。第三巻第7章最後の小野さんのまとめのところと、牧原さんの第一巻プロローグのところを思い浮かべても、近世史は国内問題と対外的な関係との不可分の結びつきのなかで展開していくんだということを、改めてすごく自覚させられました。

四〇本以上もまとめて論考やコラムなどを読むって大変なことでしたが、これを書かれたみなさんはもっと大変だっただろうと思います。よい勉強の機会を与えていただき本当に感謝しております。ありがとうございました。

菊池　もっと整理してきちんとお話しすればよかったんですけれども、それができなくて大変申し訳ありませんでした。先ほど英雄の話が出ましたが、東北でいうと義経《よしつね》蝦夷渡りというのが蔓延しているわけです。アイヌ社会まで巻き込んで。私はこれと格闘してきたところがあります。それがどういうふうにつくられて、展開して、うけとめられていくのかというプロセスを、国文学の研究にも学びながら。そこのところは、現代のフェイクだとか嘘だとか、そういう物語をつくっていく人たちの心理の問題も含めて何かできないかなと思って、現実はどんどん進行して太刀打ができないのですが、そこは一つ考えてきたところです。

それからもう一つは、やはり民衆からみたいというのがあって、菅江真澄《すがえますみ》の著作を読んできたのですが、高校の日本史教科書には、地方文化への関心として鈴木牧之《すずきぼくし》は出てくるけれども、不思議なことに菅江真澄は取り上げられてきませんでした。でもようやく、教科書に紹介されるようになってきたことは、広く認知されていくうえで、とても歓迎すべきことです。豊富な民衆史の素材となりえます。ぜひ活用してほしいなという思いがあります。

そういう点でいうと、民衆というと戦後、平凡社から出た『日本残酷物語《にほんざんこくものがたり》』とか『風土記《ふどき》日本』がありますよね。あれは暗い時代から解放されて、過去のいろんな暗い話を各分野の研究者たちが、歴史研究者も含めて書いています。時代は変わりましたが、もう一度ああいう民衆史の息吹きみたいなものを現代的に感じとれたらいいなと思っています。

あと一つだけ。研究者としての職業倫理についてです。今、気候変動・温暖化の問題をみていても、気候正義とかいって「正義」という言葉を使います。また、戦争における人道回廊だとか。国連事務総長のグテーレスなどの発言をみていると、常にそうした類の言葉が出てきますよね。私たちは物を書くときに、人道性とか、そういうことはあまり語らないし、押しつけがましく語らなくてもいいと思うんですけれども、客観的中立性をよそおっても、著述のなかにどのような姿勢・構えなのか表れているものなのでしょう。

その辺のいろいろな、先ほど出た歴史修正主義とかの問題も含めて、世の中を騒がせているヘイト発言なども、どのように生まれてくるのか、さまざまな角度から考えなければいけないのですけれども、相対的な、こういう意見もあって、ああいう意見もあって、どちらも対等・中立に扱わなければいけないみたいになっていったら、これはやはりおかしいですよね。修正主義と実証にもとづいた研究とを一緒に並べて、どうですかみたいな、そういう話に持っていってはいけないですよね。

昔、大学に入った頃、西洋史の太田秀通さんの『史学概論―人間の科学としての歴史学―』を読んでいたときに「熱烈なヒューマニズム」と「冷徹な科学」といった言葉が語られていて、感激したことをふと思い出しました。そういう言葉は記憶に残るんですよね。今回、「生きづらさ」とかと表現されていましたけれども、研究者の倫理性というか、そういったものが学問の根幹にあるのだろうと改めて思いましたね。

小野　ありがとうございます。本当に無理難題を短期間の間にお願いしてしまったと思いますけれども、こうやって非常に有益な会を持つことができたこと、改めて感謝申し上げます。ありがとうございました。

Ⅳ

対談「これからの近世史研究のために」

1　近世史研究の現在

牧原　それでは、このシリーズの全体をふまえて、四人の方からの書評とその後の討論をうけて、最後に私（牧原成征）と小野将さんとで対談をするということにさせていただきたいと思います。

まずは大前提として、歴史研究の目的・目標をどういうふうに考えているのかという問題があるかと思っています。端的にいえば、興味を持った問題やテーマ、場合によっては史料ということもありますが、それを追いかけて追究していくスタイルと、一方で、通史や全体史を考えたり教えたりする、その両方がありうるわけです。最近の学生さんや研究者もそうですが、まずは自分の興味を持った問題やテーマを考えるという方向で日頃はいると思うわけですね。一方、学校で習う歴史とか日本史では、通史をひとまず習います。学校の先生は通史を教えるということが必要だし、大学の教員にも概説のようなことを講義している人もおられると思います。

このシリーズは前者、つまり個別の研究をしている研究者を集めていますが、全体としては通史をめざしているというところに、まず結構根本的な難しさがあると思いますね。三ツ松誠さんがいわれたように、個々の論考に何をどこまで求めるのかとか、個々の論考が何をめざしているのか、編者なり執筆者の間でその共通見解を確立してから進めるということは、かなり難しいことだったなと思います。そこはこのシリーズ全体の企画や編者の責任もあるわけですが、学界とか歴史学全体の問題でもあるのかなと思っています。

はじめから通史や全体史ということを考えていなければ、軸になる見方とか視点、昔の言葉だと理論ということになるわけですが、そういうものは必ずしも必要ではないので、いつまで経っても全体像が描けるということにはならないのではないかと思います。実際の歴史というのは人類の営みの総体、全体であるから、非常にとめどなく広くて豊かな内容を持っているわけですが、これも三ツ松さんがいわれたように、個別に興味を持った問題を深めているだけなら、考え方によっては他の問題にはそれほど関心を持たないでも済むわけで、無限に豊富にはなっていくわけです。しかし一方で、本企画もそこをめざしたわけですけれども、ある程度わかりやすく見通しが示されないと、一体どうなっているのか、よくわからないじゃないかということになって、他分野の人や初学者の人から新しく関心を持ってもらうということも難しくなってくると思います。

しかし、あまりにわかりやすく単純化し過ぎると、教科書のようになってしまったり、あるいはＹｏｕＴｕｂｅの解説動画のようになってしまったりして、豊かな歴史像を伝えるというにはほど遠くなると。こういう根本的なジレンマというか、難しさがあると思っています。

研究の現場では、個別のテーマや興味を追究する方向に深まってきていますが、これからは全体としての研究者の人数とか力量が縮小していくことも心配されるわけです。そういうなかで、通史とか全体史というものをどういうふうに考えていけるのかというところが、今後一つの試金石になっていくと思っています。

こういうところで、細かいことを話すときりがないので、いちおう全体史とか通史というものをひとまず考えると仮定して、ではどういう個別のテーマがどういうふうに更新されて、全体像がどういうふうに変わってきたかということを議論すべきかと思います。そこで問題になるのが、これまでの近世史の通史とか全体史は一体何であって、何を読めばこれが通史だというものがわかるのかということです。実はそういうことからして、必ずしもわかっているわけではなくて、そこがわからないと、何がどう新しくなったのかもわからない、という気もします。

評者の方々は今回のシリーズを読んで、たぶん自分の考えとの齟齬とか違和感とか、あるいは意外だったところなどをピックアップしてくださったと思うので、それは大変ありがたかったわけですが、まずそのあたりの共通の見解が定まらないと、議論がしづらいと思っています。

よくいわれることですが、日本近世史を一冊で書いたものということになるとあまり見当たらなくて、昔の山口啓二さん・佐々木潤之介さんの『〈体系・日本歴史　四〉幕藩体制』（日本評論社、一九七一年）とか、水林彪さんの『〈日本通史Ⅱ〉封建制の再編と日本的社会の確立』（山川出版社、一九八七年）しか、ちょっと思いつかないわけですね。そのほかに、山口啓二さんの『鎖国と開国』（岩波書店、一九九三年〈文庫版二〇〇六年〉）、とか、鬼頭宏さんの『〈日本の歴史　一九〉文明としての江戸システム』（講談社、二〇〇二年〈文庫版二〇一〇年〉）とか、佐々木さんの『江戸時代論』（吉川弘文館、二〇〇五年）もありますが、ある一つの見方からの自分の考えというか、そういうものを示したものというふうにうけとめもできると思います。それから、吉田伸之さんの『〈日本の歴史　一七〉成熟する江戸』（講談社、二〇〇二年〈文庫版二〇〇九年〉）も全体史を提唱したものとしてあり、そのほか岩波新書のシリーズの五巻本（「シリーズ　日本近世史」二〇一五年）や、吉川弘文館の六巻本（「日本近世の歴史」二〇一一～一三年）も出ていますが、それぞれの巻の論調などをみると非常にばらばらで、よくいえば個性が際立っているわけですが、全体としての統一感はあまり感じられない。例えば、岩波新書では五人の同じ団塊の世代の方々が、それぞれ自分が牽引してきた分野や方法を集大成しているわけですが、まったく違うものが五つ並んで提示されている感じもして、近世史の通説とか通史はどういうふうに考えたらいいのかな、というところが全体として最初の問題になるかと思っています。小野さんはそのあたりを、どういうふうにお考えでしょうか。

小野　まず、近世史研究の現在の段階、それから共通見解についてということを問題にされていると思いますが、これについてはひとまず、例えば学界でどうなっているかということで述べてみることにしますと、学界の水準、そのなかでの各学会での水準、そういったところも議論の前提としてあるだろうと思います。

より一般的な水準で考えると、最近になりまして、近世史研究については入門編とでもいうべきいろいろな著作が出版されてきていますけれども（後述『日本近世史入門』や『日本史の現在　4　近世』）、これらのすべてが果たして総括的な内容を満たしているのかどうかということについては、どれほどの範囲がカバーできているのかということも含めて、なお疑問符がつくところではないかと思いますね。それで、学界では一般に現在の研究水準を、何をもって測っているというふうに考えるべきなのでしょうか。一つには、各種の講座類がありますが、これもだいぶ古くなってきておりまして、歴史学研究会と日本史研究会の共編で東京大学出版会から出ている『日本史講座』（二〇〇四〜〇五年）が刊行されてから二〇年近く経っていて、また、最近のことのようですが『岩波講座　日本歴史』（岩波書店、二〇一三〜一六年）も一〇年近く経過しておりまして、必ずしも最新の歴史像ともいえなくなっているわけです。また、これらの講座でもって近世史研究の現在の状況を代表させることができるのか、いろいろなバランスの面なども含めて、これも相当に疑問があるだろうと思います。

ひるがえって過去についてみると、一九七〇年代に出ていた『岩波講座　日本歴史』（岩波書店、一九七五〜七七年）、八〇年代の『講座日本歴史』（東京大学出版会、一九八四〜八五年）、それから九〇年代の『岩波講座　日本通史』（一九九三〜九六年）がありました。これらでは、全体性を提示して明確に主張するということがそれぞれにみられていて、学界の関係者もそれなりに安心して利用できるというふうに考えていた一定の水準を形成していたと思います。これは、ある面で二〇世紀歴史学が達成したものでもあるわけですが、これが二一世紀以降に出てきた刊行物・通史類も含めて、だんだんその点では共通性であるとか、どれぐらい使えるか（汎用性）についてはやや怪しくなってきていて、共通見解であるといえそうな著述が徐々に縮退しつつあるのではないかなと思います。

現在、そういう全体性に達している企画というのは存在していなくて、研究の分散化はその程度にまで進んできてしまったというようにもみえます。学界全体でそういうことになっているので、これをさらに一般の読者の方々に向けて解説するとなると非常に難しい課題であるというところから、このシリーズはスタートしているわけなのですね。とりあえず現状認識として、私はそのように考えて編集をしてまいりました。

牧原　いま、こういう一種類の読み物で近世史の全体像をみるということはかなり難しくなっているという話で、私も最近、山川出版社から出た『日本史の現在 4 近世』（二〇二四年）という本を編集しました。これは二〇項目で近世史の現在を描くということになっていますが、その二〇項目を何にするかという時点で、実は非常に難しくて、他の類例、最近の書物を参考にしながら考えるわけですが、決定版というのはちょっと難しいなというふうに感じましたね。これを読めばすべてわかるということではなくて、とりあえず考えられる二〇のテーマを暫定的に立てているというような編集にならざるをえないところがありました。

「日本近世史を見通す」も、規模は全然違いますけれども似たようなところはあったと思っています。今回のこの企画は、編者で全体の巻構成と大まかなテーマ設定、執筆者を考えてお願いしたというスタイルで、全体の巻編成は吉川弘文館の事情の許す範囲内で、私たち編者が責任を持って考えたということになります。先ほどいったのと同じですけれども、やはり現在研究している人はいるのか、依頼できる方がいるのか、どういったテーマが研究されているのか、という点に大きく左右されています。だから、結構古典的で大事なテーマでも、やっている人がいないじゃないかというテーマももちろんあって、そのあたりをこういうシリーズの場合、どう考えていくかというところは、そもそも大きな問題です。

研究している人がいるかどうかに制約されているということは、例えば第一巻ですと、もちろん私が考える重要な問題や視点で貫いて書いていただいたということではなくて、むしろ逆に、私個人だったらこういうふうには書けなかったなというような視点や力量が集まったもの、そういう多様な成果を集めることができたという面はあると思いますが、逆にいうと個人の深く掘ってきた関心の寄せ集めみたいなところはあります。六巻総じて面白い論考はたくさんあって、四人の書評者の方は大変に力を込めて書評をしてくださったのですが、なかなか個別の論考の中身のレベルまでみんなで共有するということは容易でないと思いますね。やはりこれは、先ほどの通史や全体史がどういうふうにして可能か、それと視点や中身の多様さ、豊富さをどういうふうに兼ね合わせていくかというジレンマといった問題につながってくると思っています。

個々の執筆者それぞれがこれまで積み重ねてこられた研究成果との関連でとらえる必要はもちろんあって、これまでに別のところで書いたことは、このシリーズの原稿には書かないとか、同じようなことにならないよう、どういうふうに新味を出すかというところは、皆さん工夫してくださったと思います。

私個人の場合も、比較的最近単著の論文集を出したり、別の企画もしてきたりしたので、自分としてはもちろんそういうところにも大事なことを書いたつもりですけれども、それを繰り返すのではなくて、それをふまえたうえで、さらに先の問題を考えようと努力したつもりです。だから、皆さん当然わかっておられるかなと思いたいわけですが、このシリーズだけをみて何かがわかったとか、何かが変わったというふうには読んでほしくないということで、学問は積み重ねなのであって、このシリーズだけでできるだけ見通すようにはつくっていますが、あくまでも考えるための入口だということは、他のシリーズにもいえることですが、ここでもう一度確認しておきたいと思います。

小野　いまいわれたことが非常に大事な点です。いろいろなところから要請されることとして、悠長なことはいっていられない、早くわかるようにしてほしい、一冊で早わかりを示してほしいという要望は非常にいろいろなところから強くあるわけですけれども、やはりそれでは大事な点が大きく抜け落ちてしまいます。今回はシリーズという形で、できるだけたくさんの視点を総合して示すということを試みたわけですけれども、それでもまだカバーできるものではないというところが歴史学の奥深さであり、非常に面白い点だと我々は思っています。けれども、逆にそれがとっつきにくさの原因にもなっているということを、繰り返し述べておられました。したがって、これだけで何かが全体として理解されるということではありません、といわないといけないということですね。

牧原　そうですね。とくに新しく勉強する方は、迂遠《うえん》なようでも古典的なものや基本的な本をある程度系統的に読んでいただくほうが、最終的には成果に結びついてくると、私は思っています。だから、例えば新しいシリーズが出たからもう古いものはみなくていいということではなくて、昔からの蓄積に、どういうふうに何をつけ加えているのかというところにこのシリーズの面白さとか醍醐味があるので、あまり早わかりで、もうこういうものは解決してしまったのだから古いものは関係ないということではなくて、やはり古典的なものを含めて考えていっていただきたいと思いますね。

団塊の世代の方々が書かれた岩波新書の話をしましたけれども、その世代の方々が出てきた頃は、朝尾直弘さんとか佐々木潤之介さんのような人が幕藩制構造論とかを背負って立っていた時代なわけですね。それとは違う道を団塊の世代の人たちが探った結果が、例えば岩波新書みたいな方向に分かれてきたわけで、そういう研究史の全体を、それ以前からもちろんあるわけですけれども、改めてうけとめ直していただきたいとは思っているわけです。

2　対外関係史と国内史

牧原　それでは次に、対外関係史と国内史という問題を少し話してみたいと思います。本シリーズの成果は、やはり対外関係を重視して、そのなかで列島の近世史を考える、それを新しく大きく打ち出せたことだったと思います。ただ、対外関係史を重視するということは前からいわれていることですが、対外関係史と国内史、政治史とをいっそう接続させて理解するということは、ある程度意識して取り組んできたのかなと思います。

松井洋子さんが私の書いたところについて、地球的世界とか、世界史的日本の成立ということに言及するところから語り始めてほしかったというふうにいわれたわけですが、私としては、もともとやってきたようなローカルな視座にこだわって自分が史料を読んで、もちろん外国史料についてはほとんど翻訳を利用したわけですけれども、何とか納得できた範囲で書くということを心がけてきた結果です。ここは、小野さんの幕末の場合はもう少し広くなってくるのでちょっと違うかもしれませんが、私はそういうスタンスで書きました。

それから横山百合子さんからは、私が今回とったような方法は、ある種の俯瞰的・超越的視座で、自国やそこに生きるということへの内省をやや弱めるという指摘をいただいたわけです。ここだけ抜き出すのは失礼なのですが、これは松井さんの指摘とある種逆方向からの意見で、私自身はずっとローカルな視座に立ってきたので、そういうこれまでの研究とセットで今回の企画も考えているつもりです。今回は、新しいシリーズ企画の巻頭の論考を書かせていただくということだったので、国際的な条件とか環境を重視して書いてみたということです。

小野　先ほど二〇世紀歴史学の達成ということで、いろいろな業績があったという話を出しましたが、そうはいっても従来の、その段階までの日本近世史の研究というのは、一国歴史学としての問題の立て方であったことは否定できなくて、伝統的にずっと続いてきた国民史学、一国的な学問のあり方というものの残滓《ざんし》を引きずっているところがあります。「アジアのなかの日本史」という地域史的な見方というのもできていたかというと、これも道半ばというか、近世東アジア地域史というものでさえ達成できていなかったというのは、各種学会での成果をみてもそうであろうと思われます。

そういったことも意識して、このシリーズの、とくに通史の巻では可能な限りで対外的な契機を叙述に組み込もうと努力したわけですけれども、それでもなお障壁が存在している。従来的な問題の立て方でいうと、「鎖国と開国」の障壁というのがまだ存在しているというふうにもいえるかもしれません。

牧原　そこを私からちょっとお尋ねしてもいいですか。この一国の歴史学、ナショナルヒストリーというか、一国史をある種相対化して乗り越えるというのは、確かにこの間の歴史学界が頑張ってやってきたことだと思いますが、今回のシリーズも、日本史というある種の枠組みで出しているじゃないですか。そのあたりは小野さんのなかで、どういうふうに考えているのか。そこは人類の歴史という見方でいえば、ナショナルヒストリーは確かにある種の桎梏《しっこく》というか、弊害の側面もあると思いますが、ナショナルヒストリーという語り方をなくしてしまえば解決するというわけでもないわけですよね。そのあたりはどうお考えですか。

小野　一国史観がなぜ問題かというのは、やはり近代知の桎梏をどれほど意識しているかということであって、普通にやれば日本史というものはノーマルな学問、ノーマルサイエンスなので、何も意識しなくても普通にできてしまうわけですけれども、それを自己完結的に立ててしまうと相当に間違う局面というのがあり、そういうことを意識して今回も対外的契機というものを繰り入れているわけです。だから、別に叙述の枠組みとして一国史で叙述するということはあっていいわけですが、同時に意識しなければいけない条件というのが多々存在している。日本にはちゃんと外部があるということを絶えず考えのなかに入れていないと危うい部分がありますよねということで、これはグローバルヒストリーの流行などとまったく関係なく、絶えず一方では世界史というものが存在していて、そのなかで日本列島の歴史はどういう条件に置かれているのかということを考えないと、盲点がいろいろ発生してきてしまうという考え方ではないでしょうか。

牧原　ひとまず、よくわかりました。日本史とグローバルヒストリーや世界史との関係について、もう少しお話いただけますか。

小野　日本近世史の研究者でもこの間、世界史的な動向を考えなければいけないといわれるようになってきていまして、一番大きいのは、高校の社会科科目として「歴史総合」というものが規定されるようになって、また、同時に世界史探究・日本史探究という科目ができた。こういうものが制度化をみたことによって、近世史の研究者たちも全員が対応を迫られているわけです。みなさんがさまざまに試行努力をされてきていますが、どれだけうまくいっているかというのは、まだわからないところが多いし、その成果がどれほど共有されているのかというのも不確定なわけですね。

または、日本以外の地域の歴史を研究されている方々、日本以外の地域史の視座から日本史をとらえ直す、こういう動向も目立っているわけですけれども、それと日本史の出してきた成果とが、総合化されていくのかどうか。これもまだ未確定であって、日本とそれ以外ということでいうと、日本史以外の動向が今のところ一時的に隆盛をみているけれども、これがただのアンチテーゼみたいな扱いをうけて将来的に処理されてしまうという可能性も、ないとはいえないのではないかと思われますね。それぞれ無視はされないだろうけれども、適当に処理されてしまうということもありうると思います。

また、日本史一国主義では駄目だというときに批判の背景を成しているものとして、主要には英米圏の学界での動向だと思いますが、グローバルヒストリー研究の成功ということがあるでしょう。けれども討論でも述べましたが、この流行の状況には疑問符をつけないといけないところがあるのではないか、と思わずにいられません。一つには、言いがかりのように聞こえるかもしれませんが、東アジアとか南アジアにかけての現代の資本主義の興隆、経済発展を背景にした動向なのは明瞭で、ここで現代の資本主義として展開しているその様相が「新自由主義」といわれることがありますが、いってみれば、グローバルヒストリーというのは新自由主義時代の歴史学のあり方、対応の一つであって、新自由主義に適応した形態の一つというふうに考えられるのではないか、と私は思っています。

ひいては、資本の移動とか労働力の移動など、そういう局面について合理化を行い、グローバル資本に奉仕する思考を持つ、そういう性格を有するものとしてとらえられるかもしれないということで、近世の東アジアには交易・通商、またそれに伴っての経済発展など、そういう近代に向けての豊かな前史が存在するのであって、これをみずして現代の経済は語れないみたいな、そういう語り口に陥る危険性もあるのだろうと思っています。

私は、「新自由主義時代の歴史学」といっていますけれども、これはべつにグローバルヒストリーにとどまらない、研究の現代的な発現形態そのものが分析の対象にされるべきなのかもしれません。交易・金融・人の移動というものへの関心が強い研究動向というのは、一方で、その歴史学を経済学化していこうとするような、「歴史学の経済学化」といっていますけれども、このような動向と非常に親和的であって、これについては現代での資本の移動と蓄積の過程を認識しながら検討を進めないといけないのではないかと思います。グローバルヒストリーがもし新自由主義を批判できないとすると、それに対しては批判的な視座を持たなければいけない、そういう構えになるのではないか。

牧原　そこは、クローチェの「すべての歴史は現代史である」ではないですけれども、歴史をみるときに現代の課題・

問題意識をふまえるというのは、ある意味当然のことだと思うわけですが、そこはどう考えればいいですかね。

小野　現在的視点は誰でも持つ、持たざるをえないわけですが、そこで現状肯定べったりで進むのか、あるいは何らかの批判的契機を歴史研究からくみとってくるのかというところで大きな分岐が存在していて、なかなか理解されないところでもあると思いますけれども、そこは学界で大いに議論すべきところだと思いますね。

牧原　そうですね、何らかの歴史をみるということを通して、それをそのまま肯定して満足してしまうのかどうなのかというところで分かれ目が生じるというのが、小野さんの今いわれたことだということですね。そこはわかりました。

小野　もうちょっというと、グローバルヒストリーの研究というのは、視野を国民国家から、より外へ出て広域の地域、広域圏の視野からみているので、そういう広い視野からみると近代の国民国家を相対化することができるというメリットが主張されることがあると思います。そういうメリットがあるので、これまでの世界史よりも卓越しているという言い方を時々耳にするわけですが、別にそれだけでもって有意義なんだといわれても、納得しかねるところがありますね。

一部でみられる動向として、かつてのアジア前近代、近世でのありようというのは非常に豊かなもので、そういうアジアの豊饒《ほうじょう》な前近代みたいなことが強調されているのですが、しかし、同時にこれは近現代に入ってからの帝国主義支配がどのように形成されていくかといった、かつて盛んに議論されていたことは一方で捨象される傾向があるという意見もあります。そのような傾向は問題だと思いますし、そうなるとかつて議論されていたような、例えば、一つは世界システム論でいわれていたような主張というのは、これはもうただの欧米中心主義的な史観であるということで捨ておかれてしまうわけですし、従属地域というような論の立て方も、さらに後景に退いてしまうわけですね。ヨーロッパにも歴史があるが、それと同期していたアジア地域の豊かな歴史が大事だ、というような見方が近年は成功しているということです。

また、帝国主義支配のあり方というのが括弧に入れられてしまって、それに従って近代史も再解釈されるということになっていくわけで、これは当然マルクス主義的な視角が忘れ去られたということでもありますし、かつての歴史学の達成というものまでをも無意味化していく方向でもあります。こういった意味では、私の担当した三巻の分野でもそうですが、近世から近代への転換という問題については、改めて取り組んで研究する必要を感じます。

牧原　そうですね。近代ということももっと意識して、きちんと視野に収めて日本近世も考えていかないといけないというお話ですね。

小野　そうですね。だから、現代的視点が大きく出るのですが、逆に今度は一九世紀史が非常に軽視されるという副作用を生むという。近世までのアジアの豊饒はグローバルヒストリーで強調されるけれども、その後は別途考えましょうということになって、それとは逆に、新自由主義時代の歴史学では一九世紀研究の位置が非常に重要になる、ということなのではないかと考えています。

牧原　少し話を戻して、先ほど対外関係史と国内史という話で、私が論じた章の話をしていましたが、一六三〇年代の家光《いえみつ》政権期の対外政策の扱いが軽いという意見を松井さんからいただいていました。このあたりは、グローバルな画期と日本列島の画期というか、そういうものをどういうふうにみていくかということにも関わってくると思いますが、私自身は松井さんのおっしゃった通り、一六三〇年代のいわゆる鎖国政策についてまたいちいち書くというのは、研究者レベルでは非常にある種陳腐《ちんぷ》で飽きているというか、倦《う》んでいるという事情も確かにあったので、このあたりは、鎖国なのか鎖国ではないのかが知りたいというような読者の要望にはまったく応えていないわけです。だから、そういう要望を反映した本のつくりにはなっていないというのはどうなのかという問題もないわけではありません。

あと、一六三〇年代の対外政策を重視するという意味では、松井さんの意見は旧来の鎖国論に近いともいえるわけです。だから、一六三〇年代に政権の支配に属する人の範囲の見極めが必要だったというのが松井さんのおっしゃり方なんですが、それは逆にいうと「四つの口」の問題、つまり長崎以外の他の境界は、そこに画期があるのかどうかという問題にもなってきて、他の境界地域との問題をあわせてどういうふうに考えるかという論点なのかなということです。

私は、その一六三〇年代に画期があるという説を今回結果として強調してしまった面もあると思いますが、国際的にみると、いつが画期なのかはいろいろ議論があって、一七世紀後半にもまだ清などでは平和は訪れていないではないかと、最終的には一八世紀初頭にずれ込むんだと。でも、これは松井さんが書いていたように、一八世紀半ばにはそろそろロシアが出てくるのではないかとかということになると画期がないということになって、松井さんの表現でいうと「世界のなかの日本が続く」ということになってくると思います。

まさにこれが、私が書いた表現でいえば、横につながる歴史というか、そういうとらえ方になってきて、それに対して横山さんの書評では、もう少し旧来の国内の政治体制とかその画期みたいなものはどうなったんだと、それは忘れたのかみたいな感じのことをいわれたと思うのですが、このあたりは、まさに学校の現場も含めてどういうふうに近世史の画期を説明していくかということにも関わる議論かなと思っています。

鎖国か何かという話は改めて繰り返しませんが、「四つの口」についても、小野さんは批判的ですけれども、私も小野さんがおっしゃる通りの面もあると思いますが、実態を示すというよりは、長崎に限らない対外関係史研究を活性化させるための方法論であって、その意味ではいちおうの成果をあげて定着してきたという理解もできるので、この画期をどうとらえるかというのと、対外関係の総合的な理解というのとは結びついた問題なのかなというようなことを感じました。ここまでのところで、小野さんからも何かあれば。

小野　これは共通見解だと思うんですけれども、「四つの口」は制度ではなくて実態を示すものだという理解でよくいわれると思いますが、これを真剣に考えるといろいろ問題があって、そもそも四つそれぞれの地域差が激しいわけです。だから、さっき牧原さんがいわれたように、それぞれの段階差はどうなっているんだという疑問はすぐに出てくるわけですね。これを、「四つの口」が近世日本の体制概念だというふうにとらえると、そういう整合性をすぐに問題にしなければいけなくなるので、これは体制概念として使うとあまりうまくいかないもので、そうではなくて問題発見的に使って、それぞれの地域差を実態としてどうであったか追究するために使う、これがやはり正しい方向性なのではないかと。

牧原　そうですね。最初はそういうつもりで提出されてきた方法概念に近かったのではないかな。違いますか。

小野　そうかもしれませんが、よくわからないところです。第二巻の吉村雅美さんの議論などをみると、体制概念的な使われ方もあるわけですよね。

牧原　荒野泰典さんは、とくに対外関係史の通史本（『日本の対外関係5』吉川弘文館、二〇一三年、『対外交流史』山川出版社、二〇二一年）のなかでも、その通史の一環としてそれを使っているので、やや「四つの口」のとらえ方自体も、もう少し考えてみる必要は確かに大きいと思います。あくまでも方法論としてみなすのか、「四つの口」という形で叙述していってうまく描けるのか、いろいろ考えなければいけないことは多いとは思っていますが。

小野　駄目押しをすると、荒野説でいうような、「鎖国」は研究史上の言説で構成されているから不適当で、「四つの口」が実態なのだ、という理解はちょっとおかしなところがあると。「四つの口」というとらえ方自体が、研究者が構成している、いってみれば言説そのものであって、別に近世当時そういう言い方が存在したわけでも何でもないですし、それぞれの「口」と表現されているものが史料用語でも存在していたわけでもない。あたかもこれは史料用語のように扱われがちですが全然そうではなくて、あくまでも研究者が設定した分析概念にすぎないということを前提に考えるべきであると思います。そういう意味では、「鎖国」のほうは一九世紀当時の史料には出てくるわけだけれども、「四つの口」は史料にも出てこない、ということは十分意識して使うべきだと思います。

3　幕政史を通して理解する

牧原　それでは次に、幕政史を通して理解するには、というようなことを考えてみたいと思います。第一巻から今回のシリーズ全体を眺めてみて感じるのは、第一・二巻については幕政史の記述が必ずしも十分ではないと思っています。第三巻は今回ある程度充実させたといえると思っていますが、古典的な書き方というか、高校の教科書でもこの叙述のしかたは難しくて、構造的・制度的な説明を前半にかなり記しますので、通史が通っていないようにみえる面もあります。このあたりは通史叙述のしかたの問題にもなってくると思いますけれども、いちおう近世史にはこの流れがあるというふうに勉強してきた人がこのシリーズを手に取って読むと、幕政史がないじゃないかというか、必ずしもつながって理解されていないのではないかということを感じるかもしれないですね。

ここはやはり近世史研究の現状を反映した部分があって、研究の現場でも時期ごとに幕政史をやっているという人は、少なくとも中期頃までほとんどみかけないのではないかと思います。ここに教科書や古典的な理解と、研究の現状との一つの最初のギャップがあるのかなと思っています。その理由は、戦前に三上参次《みかみさんじ》らによってつくられた幕政史の古典的な枠組みがあり、そこに収まらない研究が戦後になっていろいろ出てきて今に至っているということがあるわけですが、幕政の史料というのは、実はそのものとしてはあまり残っていない面もあって、もちろん一部ありますけれども、近世後期の一局面の史料に非常に偏っているということで、近世前期とかについては、やはり大名の史料から幕府の政治にアプローチしなければいけないという事情があるわけですね。

政治を研究しようとすると、実際には藩政とか大名の研究になっていくわけで、第一巻や第二巻でも政治史研究者の中心は藩政の研究者という理解もできると思います。例えば、享保改革・田沼《たぬま》時代・寛政改革は、教科書では大きく書かれてきていますが、それ自体を研究している人が今いるのかといわれると、ほとんどいないというのが実態です。ただ、今回もそうですけれども、近世史の通史のようなものを構想するということになると、幕政を時期ごとにたどっていくということは欠かせない作業になると思うので、やはり新しい水準に立って幕政の政治過程論を再構築するということは、これからの大きな課題になってくると思います。近世の場合は、この幕藩関係とか藩政という要素が不可分に結びついているわけで、幕政だけ描けば何か政治を描いたことになるわけではありません。では、藩政や幕藩関係を入れようとすると、図を描いて考えてみてもわかりますが、非常に難しいものの変化を描いていかなければいけないということになって、これはかなり難しい課題かと思います。

一方で、公家の史料というのはたくさん残されていますから、朝廷研究はこの間に非常に盛んで、研究者が多く出てきていますが、近世の政治構造を根本的に理解するという立場で考えると、幕藩の政治をとらえるということが基本的に大事だと思います。朝廷の研究と比べるとやはり人数は少ないわけですが、武家の研究をする人がいたとしても、横山さんが書評で指摘してくださったように武家社会の内部に話が閉じてしまう傾向が結構あって、これもある種、以前からいわれてきたことですが、政策史が貧困になっていると思います。これは政治と社会をつなぐという点では非常に問題で、本当の意味での政治を描いていることにもならないわけですから、これは反省する必要があるのかなと。

その反面、松井さんが担い手から語られる政治史というふうにいわれたし、三ツ松さんが政局史や制度史にとどまらず、当事者の意識や思想に寄り添った政治社会史だというふうに評してくれたような、進展は確かにあるのかなとも思っています。

個別にはいろいろ問題が多いので、この場で議論するわけにはいきませんが、先ほど享保改革以降の話をしましたけれども、そもそも、例えば家康《いえやす》政権・秀忠《ひでただ》政権についてほとんどふれておりませんし、家綱《いえつな》政権は三〇年ぐらいあって重要ですけれども、ほとんど研究がないに近い。政治史もやはり研究者が十分足りているわけではなくて、若手研究者がどんどん研究していってくれるといいかなというふうに思っています。

それでも政治史研究はまだマシという気もします。民衆史になると、近世前期研究は大変寂しい状態です。これはまたあとで話しますが、現在では、史料が非常に多い対象に取り組むほうが早道だと思われていて、これはある種実証主義の自然な流れですが、では一方で、中世後期や戦国時代は当然もっと史料は少ないわけですけれども、例えば政治史・権力論は中世史や戦国史は非常に盛んで、村落史といっても環境とか生業とか自治・史料論・由緒論など、かなり活況を呈しているようです。一六世紀と一七世紀では、もちろん一七世紀のほうが史料は多いわけですけれども、研究の量などに雲泥《うんでい》の差があるということは一種異様な状況かなと思っています。

そういうなかで、中世史の延長として近世に少し論及している方は結構いるのですけれども、これは松井さんが近年も織豊《しょくほう》期研究が盛んだからその成果をもっと組み込めといわれたことに関わるかなと思いますが、やはり近世史プロパーの研究者がこういう近世前期研究をほとんど顧みなくなっているというところも、私はかなり懸念しています。今のことに関わって、小野さんからもし何かあればお願いいたします。

小野　では、ここで時代の区分に関わる問題にもふれてみたいと思います。今おっしゃられた中世史研究と近世史研究の間のギャップというものは、近世史研究と近代史研究の間にも大きくギャップが存在しているということに似ていて、どちらも容易なことではなかなか接合されない状態にあるだろうと思います。

一六世紀・一七世紀の時代史をめぐって、中世史研究と近世史研究ではちょっとないぐらい研究状況が違っているということを強調されていましたけれども、一方で、一九世紀史についても近世史研究と明治時代史研究との間の乖離《かいり》がみられて、同様のことはいえるかもしれません。

一九世紀史についてみますと、これは特定の近代化論者の人たちもある意味似たような長期的な把握をしているようにみえます。つまり、近世からもうすでに、括弧つきかもしれませんが「近代」が現れているという理解ですね。なので、近世固有の時代的特質を重視するという、近世史研究で従来やってきた歴史把握というのは、前後の時代の研究者から攻撃をうけているという感じになって、あまり分がよくない状態になっているのではないかと思います。一方で、時代の転換について、何をもってそう規定するのかというのはなかなかの難問で、いまだにそういう難問をはらんでいるようにも思います。

そもそも時期区分の問題ですが、短期的な国家機構や政治権力構造の転換という現象でもって一時代を画するという見方には、どこかしら近視眼的なものがあるように思えますし、近世史を全体的にとらえるということは、豊臣《とよとみ》期とか江戸時代とかいったような把握よりも、さらに上位に立つような必要性・必然性があるように思います。広くいわれてきた言い方では幕藩体制社会というような、体制概念ですね。あるいは社会編成、これも例えば身分制社会論といったとらえ方、こういう全体的で、かつ構造的な視角というのはやはり必要とされる。そういう所以《ゆえん》ではないかと思います。

牧原　そうですね。小野さんがいま、近視眼的といわれましたけれども、研究がすごく視野が狭まって、例えば時期的にも短く、対象としても一つとか二つとかしかみないと、ますますこういう傾向が進んでいくということが容易に想像できるので、もう少し長いスパンでものをみて、広くいろいろなものを視野に収めていかないと、こういうものは根本的には解決されてこないのではないかと思いますね。

小野　何年にこういうことがおこったから新しい時代に入るというような把握というのは、特殊日本史的な把握かもしれないですね。ひとくちに近世と言いましても、例えば世界史的に考えた場合には、そういう短期的な転換というのはあまり問題にされていない。事件史のレベルで問題にするということは、多くはないのではないかと。

牧原　山川出版社の「歴史の転換期」（二〇一八～二三年）という世界史のシリーズで、書名に年号が象徴として書いていませんでしたっけ。

小野　あるけれども、例えば一八六一年で何か変わったとか、ほとんど誰も思わないですし。象徴的なある局面を切り取るというシリーズかなと思うけれども、普通はあまりそういうとらえ方をされていないように思いますね。伝統東アジア社会というのでもいいし、ヨーロッパ国際社会というのでもいいですけれども、例えばこういう広域概念を考える場合には、およその特定の年代から、〝はい、この年代でもって近世が始まります〟とか〝終わります〟という考え方はとられないでしょうということで、年代区分として特定するということはしない方向性で考えているのだろうと。

牧原　横山さんが書評でその点をいわれていましたよね。鎌倉幕府の成立が何年とかという議論が今後どうなっていくのかという。

小野　それで近世段階ということを考えると、かつて中国史研究者の岸本美緒さんが提唱されていた「東アジア近世」という議論は、長期波動のように現象している社会経済的な世界各地が同期している状況というのを重視した立論で、これは国家体制などについて特定の始まりや終わり、始期や終期を主要な問題として取り上げるというものではない把握だと思います。その後に提出された、これも括弧がつくのかもしれないけれども「近世化」論というのも同じような考え方から発しているわけですね。そういう長期的把握なのであって、この年代から××時代が始まるという把握ではないわけです。

極論すると、古い体制、旧体制が解消されるに至るまでの長期の移行過程そのものを近世とみるみたいな見方でさえありうるのではないかと思われるわけです。これは近代中心的な見方だとありえて、要するに、近代に到達するまで非常に長い過渡期を必要としたみたいな把握になりますね。それはそれで時代固有の特質というのを強調してきた日本近世史の研究からは、ややなじみにくい観点ということになるかもしれません。ということで、短期的な視点と長期的な視点の両方を、いかにうまく考え合わせてとらえるかというのが非常に大きな問題なのではないかと考えられます。

牧原　外国史の場合は、日本史のようにあまりに細かな議論をしているわけにはいかないわけですよね。一方で、日本史の場合は、大まかな議論をしているわけにはいかないというか、そこがまずちょっと合わないので、たぶん日本史研究者はひたすら細かくしていく方向になっていて、外国史研究者はある種壮大なことじゃないと、日本国内でやっていてもなかなかアピールできないというか埋没してしまうというか。「とある国の千年前のこれを調べています」ではなかなか通じていかないところがあるので、そのあたりは外国史研究者と日本史研究者の話がうまくかみ合わないところはあると思います。

小野　そうですね、非常に難しい、今の話を聞くとますます難しいですけれどもね。だからといって、世界史の問題だったらかみ合わないという話に終始してしまってよいのか、というところが非常に悩ましいところですね。

最近、これはヨーロッパ史研究の動向に限定されるかもしれませんが、近世史のなかでも近世ヨーロッパ史研究というのをみると、帝国論というのが非常に盛んに議論されるようになっています。これは近世史の特質としてこうだという話なのですが、近代国民国家形成の前史にあたる時期を扱うというだけではなくて、また、帝国論といっているけれども帝国主義支配の問題とはいちおう別な形で立てられた問題です。近世の当時にヨーロッパに存在していた国家のあり方というのを問題にしていて、難しい言い方ですけれども、例えば複合君主制という政体をとる国家ですね。そういうあり方をしている帝国というのがいろいろ存在していて、それを研究しましょうということのようです。そういう複合君主制国家としての帝国を取り上げると、さまざまな問題をいっぺんに検証することができるというメリットがあるといわれていて、国家統治や法秩序、それから社会編成はさまざまな「社団」といわれるものからできているという社団的編成、それから多民族支配とか、政体理念や政治思想といったものについても検証できるという利点がいわれています。これは主権や国家一般を問うということにとどまらなくて、全体としては統治者の下に従属して存在している諸地域や諸民族が複合的に国家を形成しているということで、それぞれの構成要素は社団としてその編成下に位置づいていた、そういう実態を重視する議論だということになっています。そこでは近代以降と違って、国家の支配とか社会統合というのは均質に国土に及んでいるということではなくて、いろいろ社団や地域、民族の動向に左右されるという議論になっていますね。

こういう議論が盛んなので、このような見方を、一方で近世日本の体制にも重ね合わせて理解することができるのではないかという視角も提出されるようになってきています。一つには、最近出版された入門編の『論点・西洋史学』（金澤周作監修、ミネルヴァ書房、二〇二〇年）にも片鱗《へんりん》が表れていると思いますけれども。

近世日本では、幕藩体制にも同じような複合的契機・複合性をみようという提起になるわけで、これは藩権力をはじめとしたいろいろな構成要素における合意形成とか同意調達を重視している点でもって、ある種の日本近世史研究の議論と重ね合わせられているということになります。例えば、以前に朝尾直弘さんが出されていた議論や、深谷克己さんの議論とも重なるところがあると思いますが、そのうえで複合性というものを幕藩体制にみるという考え方になります。

ただ、こちらを強調しすぎると、またそれも偏りすぎといいますか、そうすると、今度は幕藩権力が全領主権力として国家に結集しているというあり方のほうが取り落とされる危険性も存在しているように感じられますし、今までの学説においての分岐にも関わってくる問題で、公儀権力といわれているものは果たして上位者強大の専制的な政体に近いのか、それとも公権の重層にもとづく団体間の約定的なあり方をふまえているものなのか、というような分岐にも関わってくるように思います。

以上、近世史のとらえ方をめぐって、前後の時代の研究状況との乖離が存在しているということや、また一方では、世界史的な近世というものの処理のしかたについては、まだまだ未解決の問題点が存在しているということになろうかと思います。

牧原　さっきいったこととほとんど同じですが、日本近世を研究している人は、これが上位者強大の専制的な政体なのか、公権の重層にもとづく約定的な政体なのかということを日頃から考えているわけではなくて、例えば、そのなかの何か非常に細かい交渉とかもめごととかを扱っているので、外国史の方からこういう理解が出されたときに戸惑って、今いわれたように批判的に物事を対置していくというような感じにはなかなかなっていかないのではないかと思いますが。日本史は先ほどいった問題では、とても個体的というか、日本のことが、「日本の」というとその時点で問題になりますが、ある程度深まって理解されればいいと考えていて、私も比較的そうですが、歴史が自分なりに説明できればそれでいいやという思いがあるわけですね。

一方で外国史の人は、どちらかというと普遍的なモデルとか理解を提出することによって、人間の歴史理解そのものを問い直そうという姿勢があると思うので、ここのあたりにも少し溝がありますね。だから、そこをつなぐような考え方とか視座とか努力、そういうものは引き続き大事だなということを念頭に置いて、日頃は研究なり教育なりに勤しむということなのでしょうかね。

小野　ただ、対比すればそういう言い方になりますけれども、やはり力点の置き方の違いであって、外国史研究で個性記述がないかというと全然そんなことはないので、いざ教科書的な教育を考えたりするところで、体制はどうなっているかというふうに考えをめぐらすわけですよね。一方で、日本史研究の側でも、体制的なあり方について何も考えないということはないわけなので。

牧原　ないと思いたいというのがありますが（笑）。

小野　でも、何らかの見解を下敷きにしがちだと思います。それは暗黙の前提になっているだけで、そこはもうちょっと明示的に反省したほうがいいところじゃないかと思いますね。

牧原　このあたりも、やはり昔の学説とかもきちんと学び直して、それと、今自分が明らかにしていることがどういう関わりになるのかということも自覚して考えていく必要がありますね。昔は、こういう大上段に構えた問題設定は日本史にもあったわけですけれども、いま研究が非常に細かくなってきているので、そういうことが忘れ去られていて、改めてそういうことも日頃から意識して考えていく必要はあるということですかね。

小野　これは、やはり時間をかけてそうなってきたということなんですかね。

牧原　一九八〇年代ぐらいまでは、まだ水林彪さんの本（前掲『〈日本通史Ⅱ〉封建制の再編と日本的社会の確立』）とか、まだ大きな観点から近世の国制を考えるような問題設定があって、朝尾直弘さんの「公儀《こうぎ》」論も八〇年代で、領主・百姓間の「合意」「仁政」を強調した深谷克己さんの議論ももとは大体その頃ですよね（『百姓成立』塙書房、一九九三年）。だから、その頃に一つの転換点があったのでしょうか。その後、そういうことよりは、やはり細かく深めていくのが学界の中心を占めていくようになったという研究潮流の変化が、あちこちであったのでしょうか。そこは私たちはまさに当事者ですが。

小野　だから、学界の力量の問題とかいろいろとある。トレンドセッターがあまりうまく機能していないというのもあるように思いますね。

牧原　いろいろありますよね、このあたりは。

4　流通史の不在

牧原　このシリーズでは、結果として流通史の問題が薄くなったと私は認識しています。これが全体を振り返ったときの課題かなと思います。この間、流通史研究を担う若手というのはそれほど多くなくて、十分その成果をアピールできてこなかったことの反映かなと思っています。ただし、この問題は第五巻を身分と生業、第六巻を地域とした編成にも多少関係していて、生業という限りでは多少取り上げていますが、それとは少し違うレベルの問題があって、市場構造みたいな問題もあるわけです。それと、第四～六巻と政治史との巻を分けたという面もあるので、それら相互をつなぐ役割を果たす流通などの問題を十分に組み込めなかったという点は若干反省するべきところだと思います。これは、政策論が欠如しているといったこととも関わっていると私は思っていて、近世社会の変化や変動をダイナミックに描くためには、ここが一つネックになっていると、最近の研究をみて私は思っています。

小野さんが指摘されたことでいえば、「歴史学の経済学化」といわれるような動向とか、横山さんも同じようなことを少し問題にされていたと思いますが、そういうものに近世史が内在的にどういうふうに向き合っていくかということを考えるためにも、かなり試金石になる問題ではないかと思っています。

金融も流通とセットで考えなければいけない問題ですが、金融についてはこの間、研究は少し進んでいると思っていて、これも現代を反映しているわけですけれども、その成果は少しこのシリーズにも示すことができたと思っています。流通史や金融史が難しいのは、その全体像をとらえるということがかなり厄介で、今後まだ研究を積み重ねないと描き出せない問題かなと思っています。モノの流れはどこかで途切れるわけではなくて、かなり広がりがあります。商人の動きもそうですが、カネの流れというのはもっとみえにくく、どこかで区切れるということがないので検討する範囲がなかなか限定できない。そういう意味で研究がしにくい面があって、それが研究が進んでいない一つの理由かなと思っています。

これは直近のモデルになるような研究成果が、三〇代とか、せいぜい四〇代ぐらいの人がそういう研究書を書いてくれると、そういうものをお手本に、参考にして自分も考えてみたいとなる場合もあるとは思いますが、流通史ではそれが最近あまりないですね。だから、負のスパイラルになっている可能性が少しあるように思いますが、逆にいえば、少し何か新しいものを示すことができれば、すぐ第一人者になるような可能性のある分野でもあると思いますので、この点は今後に期待したいと私は思っているところです。

小野　今の論点は、勉誠社から出た『日本近世史入門』（上野大輔・清水光明・三ツ松誠・吉村雅美編、二〇二四年）で牧原さんが書かれている、担当された箇所と重複しているところがあると思いますが、例えば、あそこで重要だといわれている研究は、一つには原直史さんの本（『日本近世の地域と流通』山川出版社、一九九六年）だったりして、それも刊行から二八年経っていて、けっこう古いですよね、という理解ですね。

牧原　そう、だから、あれは困りました。画期的なものがあったら紹介したかったわけですけれども。確かに原さんの研究はすごいのですが、それ以降なかなか難しくなっているのかなと思っています。

小野　では、例えば中世史とか近代史とかでは、流通の問題で画期的に進展していると評価できるんですか。

牧原　近代史だと、たとえば消費の視点からの研究も進んできていて（満薗勇『消費者と日本経済の歴史』中央公論新社、二〇二四年)、新しい議論も出てきていると思います。

小野　そうですね、総合化していますね。

牧原　ただ、たぶん中世史はあまりなくて、中世とか近世で流通の研究というのは非常に振るわなくなったのかなと。かなり貨幣史に流れたと思いますね。だから金融のほうは進んできた。ただ、近世で金融をやるというのもちょっと難しいところがあるんです。一九九〇年以降、実物のモノとか人の流れが世の中でたぶん低位になっていくのと並行して、貨幣とか証券とかに対する注目が中世や近世では大きくなってきて、貨幣史の隆盛はそれとセットの動きと思っています。

小野　なるほど。一方で、グローバルヒストリー研究の分野では交易商人の話ばかりみたいな。

牧原　うん。そこでも日本史はそういう研究はあまりやらないので、日本史は何をしているんだというふうに思われる可能性も逆の意味であるとは思います。貿易史は、もちろん研究している人は彭浩さんとかいますが、やはり流通史のほうはこの間にあまり新しいものがないのではないかということは気になっています。

小野　要は、商品流通と市場構造をトータルにとらえていく方向性があまりみられないと。

牧原　そうですね。ミクロな面での解明は多少進んだのですが、それとマクロな市場構造みたいなものをセットでとらえるような進展はあまりなかったと思っていて、もっとやらなければいけないところではないかと思っています。

小野　なるほど。さっきいったような通史としてみる場合、このシリーズではまだ幕政史については十分ではないという問題にも関わっているところですね。通史が一八世紀段階に至るまで、まだまだ残されている部分が大きいという点が出されました。

第三巻で担当している一九世紀の歴史についても関わって、同様の問題性が残っていて、これは経済政策とかそういった広範な領域をカバーしている部分があまり検討できていないということになります。全国的な政策体系についてみると、このシリーズでは、第二巻の高槻泰郎さんの担当されたところから後がほとんど検討できてないという弱点があります。

これは、先ほど牧原さんがいわれた全国的な市場構造の変容という商品流通史の重要論点と密接につながっているところなので、反省すべきところが大だと思います。とくに、幕末維新期については、ここの実証研究がまったく不足しているので、これが大きな弱点を成していると評価されると思います。

この論点は幕藩関係論とも実は密接に関連しているのでありまして、このシリーズである程度その幕藩関係論について注意を払ったつもりですけれども、近世政治史の姿を描くということは、一面では幕藩関係史を通史的に完成させるということが課題になってくることであって、これは今までの研究でも達成されていない、そういう研究分野なのだろうと思います。

一つには、藩政史の研究というのが今まで領国での地域史に偏するところがなおあって、例えば江戸藩邸を含めた都市社会の検討という、今回のシリーズで牧原さんが担当されたような部分などがあまり深められていないということもあります。およそ幕藩関係の検討というのを抜きにして、藩や大名家の研究が完結するとは思えないわけですので、ここがまだまだ不足しているところかなと思われます。

これは幕府政治が藩政に与える規定性みたいなものをどれぐらい重視しているのかというところと関係していると思うわけで、現状のところでは、昔からある古風な雄藩発展史観みたいなものがまだ残っていて、これを克服するために一層の努力を重ねる必要があるのではないかと考えるところです。

牧原　大名は領地を持って城を持っているのだけれども、半分は江戸にいる。つまり、極端にいうと、藩というのは半分江戸で半分在地というか領地だという、ここの理解が非常に大事ですが、そこがいまいち理解されていない。極端なことをいうと、藩政の半分は江戸で、支出は江戸のほうが多い。ここは非常に大事な問題になるわけですが、これは史料の問題はもちろんあるとは思いますが、もっとそのあたりも検討する余地は大いにありそうですよね。

小野　誤解を招くかもしれないけれども、藩領国論とか藩地域論という近年の動向がさらにそれを助長している面がないとはいえないですね。これは地域社会の問題だという落とし込み方をすると、いま牧原さんがいわれたような論点というのはドロップしていく一方なので。当然考えているよといわれるかもしれないけれども、具体的には結実しないというところがありますね。

牧原　そうですね。

小野　藩政改革論なども、やはり個々の藩政改革に幕藩関係論を結合させないとどうしたって完結しない話なわけですが、なかなかそこが十分にできていないのが現状なのではないかと。結果的に、幕府の改革は失敗して雄藩の改革は成功した、みたいな古風な図式が生き残るという状態にとどまっているのではないですかね。

牧原　全体的にやるのはかなり難しい課題にはなってくると思いますが、まだまだやるべきことはたくさんあるということだと思います。

5　実証主義と問題意識

牧原　実証主義と問題意識の問題も少しお話をしておいたほうがいいと思います。一見、実証主義的だというと非常にいいことのようにうけとめていて、それは当然定着していますが、やはりその当然さも疑ってみる必要があるのではないか、ということを考えています。先ほどいった近世初期研究の衰退という問題もそうですが、実証主義が定着して研究蓄積が増大してくると、どうしても史料が多いところを取り上げようとするのが自然です。これは学生さんをみていてもそうだし、学生さんの研究指導でも、意識していなくてもそういう方向に傾斜していきますよね。

それは同時に、先ほどの小野さんの言葉でいう体制認識というのは古いといえば古いんですが、そういうものが衰退していくということとか、時代区分論とか、あるいはかつての言葉でいうと社会構成体論みたいなものの衰退を反映している面も大きいわけです。でも、それでは時代の画期が描けなくなって、それはその時代設定がなくてもいいということになりかねないわけで、これは時代像が描けないことにつながるということになると思いますね。

横山さんとか松井さんが指摘されたのはジェンダーとか女性の問題ですが、菊池さんが民衆史の問題を指摘されました。これらが難しいのは実証主義が定着してきたことの裏面であって、やはりこれはセットで考えないといけない問題なのかなと思っています。昔は、ある種の理論みたいなものがあってそれが大事だと思われていたので、実証よりもまず問題関心ありきで、それはそれで大きな問題があったわけですよね。それで反省されて実証主義ということになったけれども、逆にいえば、実証主義は史料があるから研究する、史料をみつけたから研究するということになって、例えばジェンダーやマイノリティーのような問題関心先行というか、問題関心にもとづく研究はなかなかできないというか、進まないという問題がある。これはセットになっているのかなと思っています。

だから、例えばジェンダーや女性ということになっても、史料があるのは武家とか、さらには朝廷だということになって、そういうものの奥向研究は進むわけですよね。でも、例えばアイヌ史とか境界領域では史料がそもそも少ないわけですが、「四つの口」論などが出されてそういうところが重要だということになると少し進むわけです。身分的周縁論も同じような役割を果たしてきたと思いますが、だから、実証主義というのが自明に正しいということだけではなくて、それが持っている問題性も考えていく必要があると思います。古い問題関心や問題意識ということも、やはりきちんと考えていかなければいけないと思っています。

これに関連しては、菊池さんもおっしゃったような災害史の問題はやはりあって、これは最近かなり進んできたわけです。ただし、災害史というのは、私の印象では政治・経済・社会・文化のなかで結局論じているように思えてしまって、これまでの近世史研究の蓄積・方法の上に論じられてきていると思います。そういうものも当然大事で、それをふまえたうえでということだと思うのですが、ただし現実の災害ということを考えてみると、これはある種の歴史の蓄積を壊すような側面があるもので、これをどう考えるのかというのは実は結構難しい。禅問答みたいなことになってきますけれども、環境史を考えるときにそれがさらに出てくると思います。これはかなり自然史の問題で、地球自体が変わっていくというか、変化を余儀なくされていくというような問題であって、やはり今日理系的な方法がそれを主導してきたと思うんですね。だから、私たちが人文学としての歴史学として、どのように災害史とか環境史に向き合っていくか、関わっていくか、あるいは組み込んでいくかというようなことは、まだ今後考えなければいけない課題だと思います。

環境史を書いた人の文章を読んでいくと、人間中心主義では駄目だと書いてあるんですね。ある意味ではそうなのかなと思わされます。だけれども、一方で、やはり歴史学は人類の歴史を紡いできたという宿命みたいなものがあると思うので、そことどう折り合いというか、関わり合いをつけていくかということは、今後考えていかなければならない問題ですね。これも、ある種のイデオロギーの面もあって、注意していかないといけない問題の一つとは思っています。

小野　多岐にわたる問題を出していただきました。実証主義の態度の評価というのは難しくて、実証のない仕事は、それは仕事ではないわけですが、ただ、何かそれが問題なのだということではないように思えます。私の言い方では、これは「歴史学の新自由主義化」に伴う問題として発生していて、要するに、業績主義が過度に強調されるために論文を量産しなければいけないという脅迫から、より史料の多い方向へ吸い寄せられていくという問題のように思えて。逆にいうと、業績を積み重ねることは気にせず、じっくりと自分のこだわる問題を追究するということが不可能になっている時代の歴史学のあり方、ということなのではないかと思います。だから、実証主義的に考えることがこのような傾向を生み出すという面がありますが、大局的にはそのような現代の歴史学の置かれている悲惨な位置ということがあるようにも思います。

それから、人文学としての歴史学ということの評価、これも非常に難しいですが、これは今、歴史学を取り巻く環境では、非常に多様化した歴史実践の課題が、以前にも増してさらに多様化したということが大きいのではないかと思われます。そのなかには、人間中心主義を超克しないといけないという主張も当然現れ、要するに動物に歴史はないのかとか、いろいろなことも含めてさまざまな主張がなされるわけで、そういうものに対する対応の形態ということではないかと思いますね。

これはいろいろな主張が歴史実践に関わってありえます。文理融合型の課題を立てなければいけないという対応のしかたであるとか、あるいはプロの専門家だけに任せておいてはいけない、パブリックヒストリーを推進すべきだという対応のしかたであるとか、さまざまに歴史実践が多様化しているということを、そういう現代の課題をどう考えるのかということに対応しているように思います。

あと、史料的な問題・課題ということでいうと、もちろん史料上の限界というものは非常に大きいので、それに対してどのようにしなければいけないのかということでありますが、史料発掘と史料解釈を重ねるというのは当然ですけれども、一方では、検討する手法をアップデートするというか、絶えず検証し直すということも必要になってくるように考えています。

例えば、ジェンダー秩序が近世でどうだったかというのを考察するにあたっても、討論のところでもちょっと話題にしましたが、女性史の史料が明示的に発掘できないという場合には、正面切って女性はどうだったかということの考察に取り組むだけではなくて、場合によっては男性のほうについて検討するということが効力を発揮する場合もあるのではないかということで、秩序の半分を構成している男性史を研究することで、この時代のジェンダー秩序に切り込むというような工夫も求められるのではないか。これに今までの研究が成功しているかどうかというのはちょっと疑わしいわけですけれども、一方で、史料がないということはなく、男性中心的な視点で史料がつくられているわけなので、そういった観点から史料を検討し直すということが今後必要になってくるだろうと考えています。

6　近世史を考える意義

牧原　最後に、近世史を考えることの意義について話をしたいと思います。まず、なぜ日本近世史を勉強したり研究したり考えたりするのか、そこにどういう意味があるのかということについて、小野さんが日頃どういうことをお考えになっているかを最後に少しお話しいただければと思います。

小野　最初の問題に返るかもしれませんけれども、このシリーズ全体を通じて近世史を考えることの意義といった点について話したいと思います。

いろいろしゃべりましたけれども、日本近世史という対象はなかなか面白い、興味深いと思っていることの内容を思い返してみると、一つには、素材の豊富さという面からいえることがあると。これは、近世社会を構成している単位が家からできているということとも深く関係しておりますが、これと文書行政が広く行き渡ったとか、もろもろの社会集団が記録を残したというようなことが相まって、最上層の国家中枢の部分から、下は民衆のレベルに至るまで、かなりの程度、豊富な記録史料が残されて伝わっている。これは意図的に残されてきているというところも重要で、くわしくはわかりませんが、他の地域、他の時代の史料の残り方と比べると、比較的ではありますが豊富に残っている、残されているという特質があろうかと思います。

なので、国家レベルの史料も追跡できるし、幕府とか藩の史料もあり、各種領主の史料が残り、それから各地域での史料が豊富に残っていて、またそれを構成している民衆レベルの家や仲間、諸集団の史料も結構残されているということで、これらすべてを合わせると、社会そのものを復元するという方向で考えれば相当なことができるといえるわけです。復元できる部分が非常に大きいという特質がいえるのではないかということがあり、最近は世界史的に比較しても、そういうことがいえるのではないかという論調が現れてきているように思います。

それを突き詰めていくと、社会全体の多くの部分がわかってきて、しかも複雑な様相が細かく追跡できるということになって、いろいろな社会関係の非常に複雑で細かく微々たるところに至るまで再現ができるというところにも、歴史研究者は興味を覚えるわけですね。そういうふうに考えると、どんどん研究を進めていくと複雑になる一方なわけですが、一方で、全体性への道というのも想定することはできるということになるのではないかと思っています。

牧原　いま小野さんがおっしゃったのは、個人の力ではたくさんの史料の複雑な社会を全部見尽くすことは難しいけれども、みんなで共同で取り組めば、かなりのレベルの歴史像を明らかにしていくことができるという趣旨だったのではないかと思いますね。だからこそこういうシリーズが必要で、しかも、これまでの蓄積の上に立って、いちおう編むことはできたということはいえると思います。

私が考える近世史を学ぶことの意義ですが、小野さんがいわれたことはもちろんありますが、もう一つは、史料が残っているということだけなら、例えば近代史料のほうが多いではないかという考え方もできると思いますね。ある意味それはそうなんですが、もちろん社会の質が近世と近代とでかなり違ってくるということもありますけれども、近代の場合は、やはり非常に目まぐるしく社会が変動していくというところに近代史の近代史たる所以があって、逆にいうと、近世は長期的にある一定の構造を持つ社会が持続したというところにも特徴があると思っています。だから、それほど目まぐるしく変わらないけれども、それなりに構造的なものがあって、それをみていくと。しかし、静態的に、スタティックなものとしてみていくだけではなくて、構造を押さえながら、それが緩やかにどう変わってきたかというのがこの三〇〇年の間にあって、その両面を押さえて、構造的でありながら動態的な歴史の社会というのを復元していくことができるのではないか、そこがやはり近世史の面白さかなというふうに私は考えてこれまでやってきたつもりです。

もちろん、例えば中世だったらもっと史料が少ないので、もっと簡単に全体像とかを議論できるのかもしれないですけれども、近世のようなたくさん、それなりの史料があるなかで、下の民衆の集団レベルから、領主とかそういうレベルまで含めて社会の実態をふまえながら全体像も考えていけるというところは、やはり日本近世史の最も大事なところです。これまでもそういう研究が大きな蓄積になってきたと思うので、そういったものを今後、より一層、今回出されたような論点や課題をふまえて、もっと引き続き考えていきたいと思っていますし、多くの皆さんがそういうことを考えていっていただけるとうれしいなというふうに個人的には思っています。

小野　近世という時代を生きたいろいろな人ということを考えるにあたって、今、牧原さんがおっしゃったような全体性との関わりでそれぞれ位置づけて考えることができ、また、その時代の変化も考えることができる。こういう全体性への見通しというのが、曲がりなりにもつけられる、それを研究でみることができるというところが日本近世史研究の醍醐味といいますか、もっとも面白いところであり、その方向を進めることで、さらに全体的な認識、歴史把握を獲得することができればと思っている次第です。

牧原　そうですね。細部から全体までということで、今後もこういう近世史の方向が深まっていくということを願って、この対談はこれで終わらせていただきます。ありがとうございました。

小野　ありがとうございました。

執筆・討論参加者紹介（生年／現職）―五十音順

荒木裕行（あらき　ひろゆき）　一九七九年／東京大学史料編纂所准教授
岩淵令治（いわぶち　れいじ）　一九六六年／学習院女子大学国際文化交流学部教授
上野大輔（うえの　だいすけ）　一九八三年／慶應義塾大学文学部准教授
小野　将（おの　しょう）　↓別掲
菊池勇夫（きくち　いさお）　一九五〇年／宮城学院女子大学名誉教授
小林准士（こばやし　じゅんじ）　一九六九年／島根大学法文学部教授
志村　洋（しむら　ひろし）　一九六四年／関西学院大学文学部教授
多和田雅保（たわだ　まさやす）　一九七一年／横浜国立大学教育学部教授
牧原成征（まきはら　しげゆき）　一九七二年／東京大学大学院人文社会系研究科教授
松井洋子（まつい　ようこ）　一九五七年／東京大学名誉教授
三ツ松誠（みつまつ　まこと）　一九八二年／佐賀大学地域学歴史文化研究センター准教授
村　和明（むら　かずあき）　一九七九年／東京大学大学院人文社会系研究科准教授
横山百合子（よこやま　ゆりこ）　一九五六年／国立歴史民俗博物館名誉教授
吉村雅美（よしむら　まさみ）　一九八二年／日本女子大学文学部准教授

編者略歴
一九六九年、東京都に生まれる
一九九五年、東京大学大学院人文科学研究科
博士課程退学
現在、東京大学史料編纂所准教授
〔主要編著書〕
『日本近世史を見通す3　体制危機の到来』
（共編、吉川弘文館、二〇二四年）

日本近世史を見通す7
近世史から考える

二〇二五年（令和七）三月一日　第一刷発行

編者　小《お》野《の》将《しょう》

発行者　吉川道郎

発行所　株式会社　吉川弘文館
郵便番号一一三―〇〇三三
東京都文京区本郷七丁目二番八号
電話〇三―三八一三―九一五一〈代〉
振替口座〇〇一〇〇―五―二四四番
https://www.yoshikawa-k.co.jp/

印刷＝株式会社　理想社
製本＝株式会社　ブックアート
装幀＝右澤康之

ISBN978-4-642-06890-1

日本近世史を見通す

全7巻

1 列島の平和と統合　近世前期
牧原成征・村　和明編

2 伝統と改革の時代　近世中期
村　和明・吉村雅美編

3 体制危機の到来　近世後期
荒木裕行・小野　将編

4 地域からみる近世社会
岩淵令治・志村　洋編

5 身分社会の生き方
多和田雅保・牧原成征編

6 宗教・思想・文化
上野大輔・小林准士編

7 近世史から考える
小野　将編

本体各２８００円（税別）

吉川弘文館

日本近世の歴史 全6巻

信長・秀吉・家康の時代から西南戦争まで、政治の動きを中心に最新成果に基づいて描く通史。徳川家の代替わりや幕政改革・開国など、平易な記述と豊富な図版や年表による立体的編集により、新たな歴史の捉え方を示す。

四六判／本体各２８００円（税別）

①天下人の時代　藤井讓治著
②将軍権力の確立　杣田善雄著
③綱吉と吉宗　深井雅海著
④田沼時代　藤田　覚著
⑤開国前夜の世界　横山伊徳著
⑥明治維新　青山忠正著

吉川弘文館